Antonio De La Guardia

Entrevista con Yo Soy

Antonio De La Guardia

Entrevista con Yo Soy

85% casos reales, Principios y verdades aplicables a una Iglesia Cristiana Protestante

CREDO EDICIONES

Imprint

Cover image: www.ingimage.com

Publisher:
CREDO EDICIONES
is a trademark of
International Book Market Service Ltd., member of OmniScriptum Publishing Group
17 Meldrum Street, Beau Bassin 71504, Mauritius
Printed at: see last page
ISBN: 978-613-4-04980-1

Entrevistando a Yo Soy

Antonio De La Guardia.

Miami, FL, 2020

Dedicatoria.

A mi esposa, María, quien con su fidelidad y apoyo ha cuidado de esta familia, de manera que yo tuviera la libertad de invertirme en el ministerio. A mis hijos, hombres y mujer de bien, que honran a sus padres con vidas satisfactorias. A mis siete nietos y nietas, para que cuando sean mayores, conozcan de los abuelos y, en el mejor de los casos, imiten nuestra fe.

Introducción

Me duele todo. Y no sé ni para qué. Salí de mi casa en San Luis Missouri para llegar al aeropuerto porque tengo mi primer viaje de trabajo periodístico con potencial. Así que acá voy, con destino a las oficinas principales de una Corporación no lucrativa en el condado de Carroll, Arkansas.

No estoy seguro de saber lo que ando haciendo. Puede ser una linda experiencia o un reportaje serio. Bueno, la realidad es que me estreno como recién graduado de periodismo y cansado de hacer crónica de deporte colegial, ferias locales, cubrir eventos de graduaciones y demás aburrimientos periodísticos, le dije al director: *Quiero hacer algo grande.*

Y me dijo, pues hazlo. Búscate un grupo controversial como el Ku Klux Klan, o una pandilla de esas violentas, un culto de esos medio satánicos, o algo así, que llame la atención. Escribes que los quieres entrevistar y está dispuesto a viajar a donde estén. Espera. Dame las notas para aconsejarte a ver qué te conviene. Porque si vienes con uno que salió el año pasado ¿para qué?

Así que escribí mucho y solo contestaron de un tal "Ministerio Yo Soy" dicen que sí me reciben para entrevistarlos, sólo que tenía que viajar a Berryville, Condado de Carroll, en Arkansas. ¿Dónde diantres quedará eso? Me darían hospitalidad y alojamiento y no tendría que desquitarla con trabajo. Me reuniría con uno de los representantes... y a ver qué pasa.

Así que si aquí voy. Todo el día para llegar; lo único corto fue el viaje en avión de San Luis Missouri a Fayetteville. Y ahora un carro rentado y un mapa de los antiguos, porque se pierde la señal del celular. la carretera es razonablemente buena. Bajadas, subidas, campos y un par de etceteras... porque aparte que es ver vivir ahí, comienza la carretera y de repente se estrella mastología y entonces no sabes cuánto te falta... hasta que llegaste.

Me presentaré así: Hola, soy el periodista Edward F. Worthington, pero pueden llamar Eddy. Tengo esta carta que dice que ustedes permitirían una entrevista periodística con fines de publicación.

El casco de la finca le recordaba a uno aquellas películas de indios y vaqueros, como una especie de plaza donde todo sucedía. No hay tiendas o dependencias, pero sí lugares donde se las diferentes operaciones de la labor agrícola comunitaria se desarrollan. Un establo grande dónde está el comedor gigantesco y salón social y al llegar ahí estaba la oficina. Un espacio habilitado junto a la entrada donde una señora muy amable, me recibió con un ¡beso! y luego me dijo: amigo, eres bienvenido a nuestra comunidad. Esperamos que te sientas cómodo entre nosotros y que alcances las metas que te has propuesto para venir tan lejos. Por hoy, ya terminó la jornada; en media hora vamos a cenar y después de eso hay tiempo libre. Música en un rincón. Un estudio bíblico en uno de sus salones; otros se entretienen con la música... o sea no hay actividad formal. La hora de dormir es las 10:00 de la noche, porque mañana servimos el desayuno a las 6:00 am, después de sus actividades personales diarias, así que te recomiendo que cenes y no fraternicen mucho, para que te levantes descansado y mañana será otro día y con la bendición de Dios lo disfrutaremos y así fue.

Antes que nos confundamos.

Esto es una novela que cuenta una historia.

Los personajes son imaginarios, y no será posible identificarlos. Si alguien cree que identificó a alguien y fuese cierto, lo negaré.

Los hechos relatados son 90% ciertos, y algunos adaptados para el propósito de complementar el provecho de leer esta obra.

Es mi intención entretener con esta aportación literaria, pero también edificar en cuanto a la fe en Cristo y ayudar al establecimiento y desarrollo de congregaciones cristianas protestantes.

Me agradaría recibir retroalimentación y crítica o preguntas de ampliación o materias no cubiertas en la presente. Por supuesto, felicitaciones y méritos (si los hallare) serán humildemente aceptadas.

Muchos de los principios y prácticas relatadas pueden ser fructíferas en la realidad, pero, evidentemente, eventos históricos o circunstanciales no pueden ser objeto de expectativa o planeación.

PRIMERA PARTE
Capítulo 1

Conociéndonos.
Un día de otoño en Arkansas. Este estado es extraordinario porque nada es extraordinario acá. De clima moderado, no hay frío extremo ni como en los vecinos Tennessee, Missouri o calor como Louisiana y Mississipi. Acá no hay catástrofes naturales como terremotos, huracanes ni volcanes. Todo moderado. La acuarela del bosque en otoño si es otra cosa; rojo, amarillo, anaranjado, verde en mil diferentes tonalidades e intensidades a brochazos maravillan a cualquiera.

La oficina de Mark era como todo allí. Sencilla, austera, olor a flores frescas y mucha luz de los grandes ventanales. Paredes de madera común; ningún ornamento. Unas cuantas fotos conmemorativas de hitos del ministerio en diferentes partes del mundo, y nada más. Muebles grandes, también de madera común con generosos y coloridos cojines que brindaban la necesaria comodidad para largas charlas.

Dijo Mark: Buen día, Eddy ¿Ha descansado bien? ¿Disfrutó el desayuno? Si le gustó el café, frecuentemente nos ofrecerán. Y agregó con una pícara sonrisa: aquí no creemos en que el café tenga medida diaria.

Si, gracias; todo delicioso.

Entonces, procedamos; pero antes, un poco de mí:

Me complace hablar "largo y tendido" Si algo no queda claro, puedo repetir, a menos que sea algo que Usted nunca entendería. No me malinterprete todavía. Nunca ofendería su inteligencia, pero hay un verso en la Biblia que menciona dos categorías de gente. En 1 Corintios 2:14 y 15, la Biblia habla del "hombre natural y el espiritual" así que, a menos que una persona ha experimentado "el nuevo nacimiento" es una persona natural y hay cosas que no entendería, aunque se lo expliquen. Si nos topamos con algo así, se lo haré saber. Tendremos una sesión diaria de lunes a sábado, de 8:00 a 1:00 pm y en la tarde usted es libre de entrevistar a otros, pasear por las instalaciones o los campos, confraternizar con los hermanos, o documentarse donde pueda. Si lo desea, puede tomar prestado un auto, con solo pedir la llave en la cafetería e ir al pueblo.

El domingo no se trabaja. Es el día del Señor y a las 10:00 am nos reunimos para alabarle y adorarle; recibir una exhortación bíblica y almorzamos juntos en un gran picnic de todos. Normalmente nos vamos retirando a las 5:00 y más tarde hay café y tertulia en el salón, informalmente. No está obligado a asistir; solo invitado.

Entonces, ¿por dónde le parece que comencemos?

Por el principio.

¿en Génesis?

No tanto. El principio del ministerio.

Oh, ya veo. Vamos a 1975, en noviembre.

Klamath, California.
El pueblo, de lo más tranquilo. El frío, constante. El ambiente, húmedo. Malo para los que tienen artritis. Situado en la costa pacífica norte de California, casi dentro del bosque Siete Ríos, al pie de las siempre verdes montañas, con majestuosos arboles Redwood de 2000 años y 100 metros

de altura. Como dice su lema: **"Donde los Redwood y el Río Klamath se unen al mar"** y lo atraviesa la carretera costera 101 de USA.

Pero dentro del hogar de Joaquín y Cuty Centeno, el fuego de la chimenea y la conversación de los esposos, daban un placentero calorcito familiar a la fría noche exterior. ¿alguna música? No, gracias. ¿otro guayoyito? -fuerte café negro, propio de los llanos venezolanos- Si, gracias.

Un hispanoamericano más que creció en Ohio, USA, a donde llegó su familia cuando tenía 4 años. Era muy pendenciero, pero como inmigrante, cuando todavía no hablaba bien el idioma inglés, decía: Do you want a fire? (fuego) en lugar de fight (pelea) y como era de porte menudo, daba risa más bien. Así que no peleó mucho.

Por no seguir estudiando se enroló en el ejército y fue a Vietnam. Una noche escuché una conversación de él con mi mama; la oiría muchas veces después:

¡Púchica, M'ija! –Adoptó esa costumbre de tratar a mi mama como los guatemaltecos desde que vivimos allá por muchos años.

¿Dónde estaría yo si Dios no me hubiera hablado? Como dice el corito en la iglesia: "¿Dónde estaría yo si no me hubieras perdonado?

-Cuéntame otra vez como fue; no me canso de oír la historia.

-Estaba de guardia en el monte y nos habían instruido que cada diez minutos contáramos los arbustos, y si sobraba o faltaba alguno, disparáramos. Si nos habíamos equivocado al contar no importaba. Era muy peligroso verificar.
Aquella noche en particular estaba oscura y el silencio pesaba como una frazada mojada, pero el frío era muy dentro en ese clima tropical húmedo.
El miedo es frío como la muerte. Mis compañeros de patrulla dormían, porque creían que yo vigilaba. Mis manos se engarrotaron en la ametralladora y sentí que, aun si viera algo, no podría disparar. El miedo creció más. Era pasada la medianoche, lejos del amanecer y faltaban dos horas en mi turno de guardia; no creí que iba a soportar.
- Sigue, sigue; no pares.

- De pronto todo cambió. La gruesa manta del miedo desapareció y floté en la trinchera. Pensé que había muerto porque alguien me había disparado y no lo vi. Me palpé el tórax instintivamente, pero no me moví de donde estaba. La oscuridad cambio de color y ya no era más negra. No vi ninguna luz, pero no era oscuro. Algo como el claroscuro de un amanecer neblinoso, pero diáfano y si tuviera que definirlo más... ¿optimista? ¿Será un calificativo apropiado para un instante? No lo sé.

¿Me hablo Dios? ¿O lo imaginé? Ahora sé que Él habla por visiones, pero esa vez yo no vi nada. También por sueños, pero no dormía. También hay quien ha oído su voz; yo no oí nada; revela su Palabra, pero nunca había leído la Biblia. Sin embargo, una sensación de saber lo que Dios me decía era más cierta que el hecho de que somos marido y mujer y estamos aquí mismo tu y yo conversando.
-Repíteme lo que dijo...
- Lo de siempre: No temas. Yo Soy el Dios verdadero. Saldrás del servicio cuando se cumpla tu tiempo y volverás a la nación. Después me servirás.

- ¿y después...?

-Nada; me olvidé con los días del miedo, del cambio, de lo que Él dijo y de lo que yo respondí. Al volver fui desmovilizado del ejército en California y no teniendo ningún propósito en la vida, me vi deambulando en las ciudades y pueblos cercanos a San Francisco. Mis compañeros eran vagabundos y desamparados. Unos se aficionaron las drogas, el amor libre y otras desviaciones.

Poco a poco el grupo me fue absorbiendo y comencé a vestir como ellos; hasta probé algunas infusiones, pero no me gustaba perder el control de mí mismo.

- ¿Y cómo llegaste acá? Eso no me lo has contado.
-Me trajo Nick, "el vikingo" uno que conocí que conocí en las montañas de Sauzalito; El solía llevar una pluma de águila y juraba que la había tomado del nido en lo alto de un redwood. Nunca le creí del todo. Unos días antes yo había tenido una rara experiencia por segunda vez: Una noche que dormía plácidamente en el bosque dentro mi carpa sentí un resplandor afuera y saliendo al descampado, me remonté a la noche de Vietnam. No sentí miedo, sino una sensación de inmensidad que me sobrecogió; Asombrado y sin saber que pasaba, oí o imaginé la Voz: Yo soy el Dios verdadero; quien te trajo de lejos para que me sirvas.

Al otro día llego Nick y me dijo que había hallado una comunidad cristiana al norte y había sentido la necesidad de venir a buscarme para que me integrara a "la familia de Dios" Me contó que había tenido una experiencia con el único Dios verdadero por visitar una iglesita en las montañas de Oregón, cerca de la costa pacífica del país y que todos los miembros de esa comuna eran como hermanos –incluso se llamaban así- y lucían muy contentos trabajando (o más bien, aprendiendo a trabajar, pues la mayoría eran ex hippies) alabando a Dios en sus reuniones diarias, aprendiendo más de La Biblia y viviendo una vida cristiana sencilla, pero muy dichosa.

Ellos guiaron a Nick para que "conociera a Jesucristo" como se llama al acto de la conversión espiritual por medio de la cual se alcanza la promesa de salvación y vida eterna. Hay quienes llaman a esto "recibir a Cristo" "Aceptar a Cristo" "Adquirir la ciudadanía eterna" y otras formas de declarar las instrucciones Bíblicas, como ya sabes.

Al llegar, me recibieron como si ya me conocían y después de comer bien y dormir en una cama por primera vez en meses; aseado y curioso, el director de aquella comuna, Mr. Loonhgeer a quien llamamos cariñosamente "Loon" (se pronuncia "Lun") me dijo que era bienvenido a la comuna y que podía quedarme tres días, pasados los cuales podía decidir integrarme al grupo y aceptar un trabajo (o la voluntad de hacerlo) o seguir mi camino. Fue muy gentil en aclarar que lo de la conversión espiritual es una revelación personal exclusivamente dirigida por Dios y nada podemos hacer para acelerar o producir esta convicción.

Sin embargo, debía respetar sus normas morales y de comportamiento para pertenecer al grupo. Acepté las reglas y me fui quedando; Era una decisión temporal, pues no había ninguna presión para mantenerse. Sin embargo, no mucho tiempo después, tomé la decisión de entregar mi corazón a Cristo para que lo cambiara a su diseño, como dice la Biblia y lo demás ya lo has visto. Así que acá estamos.

Continuaron haciendo memoria en voz alta –como si yo no escuchaba- y relataron cómo, diez y nueve años antes del encuentro en la comuna había nacido la hija única de una familia de la etnia Siux; nómadas y cuidadosos de las tradiciones ancestrales; le pusieron por nombre Khustik, como la pequeña flor del arbusto que perfuma las noches del desierto en el suroeste del país.

Papá explicó porque le dijo siempre Cuty: porque se confunde con el vocablo "cute" (que significa Bonita). Ellos solían hablar con asombro de lo mismo que había hablado desde el principio y nunca se aburrieron. Él dijo que sus rasgos nobles y su sencillez hicieron que a su memoria vinieran las palabras de mi abuela, dichas muchos años *antes "Cuando veas a la mujer de tu vida, lo sabrás"* y efectivamente, lo supo.

Claro que saberlo y lograrlo, dijo, fueron dos cosas muy diferentes. Ella le esquivaba porque no estaba segura de su "oportuna" conversión al cristianismo y él todavía no mostraba los modales que se esperaban de un cristiano maduro; obviamente no lo era.

Resultó que la mayoría de los temores de ella eran infundados y él no tenía un "pasado" que lamentar, ni compromisos previos, que era uno de los grandes obstáculos para Cuty, así que, no tan pronto como acá se relata, tomaron el compromiso de formar una nueva familia en lucida ceremonia con todos los todos los componentes cristianos y vistosos trajes de la familia de ella. No hubo viaje de luna de miel, pero si una acogedora cabaña donde serian instalados en adelante para tener la experiencia familiar tradicional. El sería El Hombre de la casa y ella la Señora y ayuda idónea. Sus tareas comunitarias se adaptarían al modelo nuevo y las devociones diarias se dirigirían en familia, como hasta hoy.

Luego vinieron los hijos; primero David, luego Samuel y después yo, Mark; las niñas Rebeca y Cesia. Es muy difundida la costumbre de adoptar nombres de los héroes y heroínas de la Biblia y mis padres no quisieron seguir las tradiciones familiares de llamar a sus hijos como sus abuelos y tíos. Bien por ellos; eso me gusta.

La vida transcurría sin sobresaltos en la remota comuna de Klamath y en el pueblo cercano de doce mil habitantes. Mientras tanto, en Centroamérica algo grande se avecinaba...

Doña Amelia había despertado con la seguridad de que aquel sueño era algo más que producto de las emociones de la época navideña tradicional y como desde que conocía la Palabra de Dios estaba convencida de que la fecha adjudicada arbitrariamente para el nacimiento de Jesús no tenía ningún respaldo escritural, no le prestaba mucha atención al ajetreo comercial propio, ni a las presiones sociales de moda; más bien disfrutaba de la socialización y el fresco clima en Guatemala, su ciudad natal. Pero aquel sueño si la inquietaba...

Vio su casa en ruinas; donde había habido salas, solo había escombros. El polvo le cerraba la garganta y destacaba increíblemente un almanaque del próximo año con la página claramente escrito "Febrero de 1976" Después de orar a Dios pidiendo revelación del asunto, fue a sus consejeros espirituales y todo indicaba que eso era un aviso de algo grande que iba a pasar en su casa, o en su familia, o en su ciudad; grave e inminente. Todos sabían que dice la Biblia "en parte vemos y en parte profetizamos" por lo que le aconsejaron estar muy atenta...

Empresaria de grandes proporciones, nunca –o casi nunca- había suspendido una ampliación o inauguración de nuevos emprendimientos. Pero ahora, con lo del sueño, dijo a su socio Federico:

-Vamos a suspender la remodelación del local de la zona viva, hasta que pase la catástrofe y veamos cómo queda todo.

-Amelia, no creo que va a suceder nada. No hay más evidencia que su sueño y con todo respeto, le pido que sigamos adelante con la remodelación del local.

-Mira que no soy una persona que emocionalmente se conduce en los negocios, pero esta cuestión si me ha inquietado. Te propongo que, si no sucede nada en el país antes del 15 de febrero, procedemos.

-Que sea como usted dice. El plazo me parece razonable, vamos a mediados de febrero.

La faceta sociable y sensible de Amelia se intensificó en aquellos días y ella se dio con entusiasmo a lo que parecía una misión divina: Exhortar a amigos, vecinos y familiares para que prepararan sus casas a fin de no sufrir las consecuencias de la devastación. Los más dudaban, pero otros solo meneaban la cabeza en completa incredulidad; Si tenían dudas, era del equilibrio mental de la bienintencionada Amelia. Contadas con los dedos de una mano, unas esposas jóvenes preguntaban más, pero Amelia solo podía decirles que mantuvieran sus posesiones a resguardo, su documentación en orden y seguridad, provisión de alimentos, agua y medicina de primeros auxilios... y que buscaran a Dios. Esta frase, sin embargo, era más bien un buen deseo que una recomendación, pues no tenía ella misma la claridad necesaria para guiarlas con paso seguro en aquel camino que vislumbraba como entre bruma. Aquellas jóvenes y la misma Amelia buscaban diligentemente alguna respuesta espiritual a sus inquietudes, pero ni así tenían claridad en una especie de neblina que las envolvía. Sus esposos, parte del aquel selecto circulo social, solo observaban este extraño comportamiento y procuraban mantener un equilibrio razonable de discreto escepticismo.

Doña Amelia había despertado con la seguridad de que aquel sueño era algo más que producto de las emociones de la época navideña tradicional y como desde que conocía la Palabra de Dios estaba convencida de que la fecha adjudicada arbitrariamente para el nacimiento de Jesús no tenía ningún respaldo escritural, no le prestaba mucha atención al ajetreo comercial propio, ni a las presiones sociales de moda; más bien disfrutaba de la socialización y el fresco clima en Guatemala, su ciudad natal. Pero aquel sueño si la inquietaba...

La faceta sociable y sensible de Amelia se intensificó en aquellos días y ella se dio con entusiasmo a lo que parecía una misión divina: Exhortar a amigos, vecinos y familiares para que prepararan sus casas a fin de no sufrir las consecuencias de la devastación. Los más dudaban, pero otros solo meneaban la cabeza en completa incredulidad; Si tenían dudas, era del equilibrio mental de la bienintencionada Amelia. Contadas con los dedos de una mano, unas esposas jóvenes preguntaban más, pero Amelia solo podía decirles que mantuvieran sus posesiones a resguardo, su documentación en orden y seguridad, provisión de alimentos, agua y medicina de primeros auxilios... y que buscaran a Dios. Esta frase, sin embargo, era más bien un buen deseo que una recomendación, pues no tenía ella misma la claridad necesaria para guiarlas con aspo seguro en aquel camino que vislumbraba como entre bruma. Aquellas jóvenes y la misma Amelia buscaban diligentemente alguna respuesta espiritual a sus inquietudes, pero ni así tenían claridad en una especie de neblina que las envolvía. Sus esposos, parte del aquel selecto circulo social, solo observaban este extraño comportamiento y procuraban mantener un equilibrio razonable de discreto escepticismo.

Hay personas que cuando tienen una revelación de Dios se enfrascan en convencer a los familiares y amigos para que hagan lo que Dios les ha mostrado, y por esa actitud, loable pero equivocada, resultan descuidando la tarea que Dios les había mostrado. En la Biblia está escrita la historia de un hombre que se dedicó a construir un arca para preservar la vida de ejemplares de animales y los humanos que le creyeran y se metieran al arca que estaba construyendo. De los vecinos no convenció a ninguno, principalmente porque al tratar de explicar la razón de su empeño, no pudo hacerles entender que caería agua del cielo, ya que nunca había llovido antes.

Doña Amelia hizo instalar una carpa de lona en el jardín de su casa e invitó a sus familiares y amigos para que vinieran y le ayudaran a empacar los objetos de cerámica, pinturas, cristalería y todo lo que podía dañarse si se derrumbaba la casa. Las más fieles ayudantes resultaron sus dos hijas, una sobrina y tres amigas de siempre. Empacaron y empacaron. Llenaron cajas y cajas de cartón; tomaron mucho té y galletitas... y conversaron entre risas -algo nerviosas- pero, aunque no eran creyentes en Cristo, algo les iba inquietando en el fondo de sus corazones. El 15 de enero finalizó la etapa de preparación de la casa de doña Amelia, pero de alguna manera, el grupo se fue manteniendo unido y la doña les iba compartiendo algo de lo que oía en la iglesia cristiana evangélica a donde comenzaba a asistir. Más entusiasmo que conocimiento, pero el ambiente informal y familiar, sumado a la intimidad de la relación entre las colaboradoras hizo que se mantuviera viva una pequeña llama de interés en asuntos espirituales.

Klamath, 4 de Febrero de 1976. Noticia mundial. Hoy a las 3:03 a.m. un potente terremoto ha devastado el territorio de Guatemala con graves daños a la propiedad en todo el país... Imposible contar la cantidad de muertos y damnificados aun, pero se anticipa una catástrofe de inmensas proporciones, ya que los aparatos de la dependencia oficial de medición de fenómenos meteorológicos reportan que los medidores colapsaron cerca de 8 grados en la escala de Richter y no sabremos exactamente cuál fue la verdadera máxima intensidad de este terremoto. Los servicios de electricidad se desconectaron automáticamente con el sismo y el país entero está en tinieblas. Los teléfonos funcionaron bien los primeros minutos, pero colapsaron con la demanda mundial y la falta de suministro eléctrico. A estas horas de la mañana de este fatídico 4 de febrero, Guatemala está paralizada en su totalidad. Los cuerpos de servicio y rescate avanzan entre escombros buscando sobrevivientes, pero reportan que es como pintar el Empire State de New York con un pincel de acuarela. Se pide urgentemente pronto auxilio a las naciones y voluntarios que en cualquier parte del mundo puedan hacer algo ante esta impresionante necesidad... Seguiremos reportando desde Guatemala, a través de onda corta, los sucesos que han devastado este bello país. Mantenga la sintonía con su cadena de noticias...

Amanecía un día más de trabajo en la comunidad de Klamath. En casa de los Centeno, la señora ya tenía el desayuno listo: tinto y arepas, huevos con salsa y avena con leche, como corresponde a una típica de la costa oeste de Estados Unidos. Raíces hispanas en papá y sangre siux de la mamá. Hijos con rasgos de uno y otro lado...

Ese día la cuadrilla tenía árboles que plantar en las montañas cercanas del bosque Siete Ríos. Unos 30 hombres, de los cuales como 9 eran miembros del ministerio de Loon como Joaquín. Trabajaron duro, como debe de ser y almorzaron ligero, como va la cultura americana. Volvieron a las 5:30 pm y allí estaba la noticia: Miles de muertos en Guatemala, a causa de un terremoto que barrió todo el territorio nacional. Casas destruidas, millones desamparados que dormirán a la intemperie por ¿Quién sabe cuánto tiempo? La infraestructura vial, eléctrica e hidráulica también se ha visto afectada. Se hace un llamado de auxilio urgente a gobiernos, instituciones y aun individuos para que vengan y ayuden como puedan.

México ha enviado 4 camiones cisterna de alimentos y un convoy de suministros para elaborar atol y sopa. USA ha enviado 10 aviones Hércules con carpas, ropa, alimentos, medicinas y suministros de primeros auxilios. De China vienen barcos con... y la lista sigue, pero todo lo que se reciba será insuficiente ante la necesidad de los damnificados... En media hora, una actualización noticiosa...

Para cuando comenzó el Devocional de la noche en la iglesia, el rumor era un torrente: Hay que hacer algo.

No sabíamos dónde estaba Guatemala. Unos dijeron que era un estado de México. El mapa de carreteras no ayudó tampoco, pero la emoción si era suficiente.

Loon se presentó como siempre a dirigir el devocional con su típico sweater rojo oscuro, flojo y gastadísimo, pero abrigador. El viento gélido invernal comenzaba a apretar y se usaba bufanda todo el tiempo. Un tiempo de cantos de alabanza a Dios y al estudio de la porción bíblica diaria, con un anuncio: Después del devocional esta noche, tendremos una reunión informativa y exploratoria para definir la respuesta a la convocatoria de Guatemala. Todos los interesados en actuar y hacer algo deben asistir.

En Klamath, el grupo de aventureros se iba reuniendo y elucubrando posibles acciones:

1. Recolectar artículos de donación y enviarlos a través de la Cruz Roja y/o agencias comunitarias.
2. Aportar económicamente de la misma manera.
3. Promover, por todos los medios disponibles, bienes y dinero fuera de la iglesia.
4. Ir en viajes de corto, mediano y largo término, para ayudar en tareas de limpieza, reconstrucción y lo que venga a bien, según las facilidades y medios disponibles.

A las dos horas de exposiciones y lluvia de ideas, se llegó a las siguientes conclusiones.

1. Organizar una caravana de familias y solteros que sienten -una forma sencilla de decir que Dios les ha guiado- ser parte de la misión.
2. Usarán sus vehículos propios y los que puedan conseguir donados y documentados para el viaje.
3. El plazo de estancia del viaje lo determinará cada familia e individuo de la caravana, sin ninguna condición para la duración o retorno.
4. La Cobertura (Autoridad para coordinar, servir y representar) radica en los *Ancianos miembros de la caravana.
5. La "agencia misionera" no se responsabiliza por el sostenimiento económico del equipo viajero, ni proveerá bienes o servicios más allá de la supervisión espiritual, dentro de sus posibilidades.

Joaquín fue de los primeros en apuntarse. El tema era recurrente en familia y Cuty lo veía bien. Entre su gente, la migración era parte de la cultura; y en la de él, si bien no era costumbre, su reciente pasado de errante le daba un aire de aventura. Los niños, felices. El home schooling (clases en el hogar) no tenían fronteras y su maestra viajaría también.

Los otros Ancianos eran: Gianino Palermo y Molly, Gunnar Schlotzholm y Edna y la familia Levré, Peter, Ossy (Oswald), Bill (William), Debbie (Debora) y Judith. Solteros, solteras y los niños complementaron un grupo emocionado -y algo asustado- con una sola mascota. La perrita de doña Cuty, una muy vieja Cocker Spaniel que sobrevivió el viaje, pero falleció antes de dos años en la misión.

El viaje fue emocionante, pero nada confortable. Los viejos vehículos traqueteaban como tren antiguo por la carretera costera nacional 101, pero al entrar a México por Tijuana, el traqueteo se acrecentó y las frecuentes fallas de uno u otro carro, hacían parecer que estábamos más tiempo detenidos que avanzando; los hoteles baratos de carretera desaparecieron y varias noches dormimos como las caravanas de colonos en las viejas películas del oeste. Eso sí, la moral y el entusiasmo nuca decayeron y cada noche había una "celebración" después de la cena: Música de alabanza, lectura de la Biblia y alguna reflexión conducida por uno de los tres Ancianos. Entramos a territorio guatemalteco por la ciudad de Tecún Umán, en la costa del pacifico, por el occidente del país; temprano en la mañana y desayunamos por primera vez "el clásico chapín". Se come casi lo mismo todos los días en Guatemala: pasta de frijoles negros, plátano maduro -no banano- frito en tajadas gruesas, tortillas de maíz hechas a mano, tres veces más gruesas que una mexicana, café negro -no por nada es el cultivo más emblemático del país- y unas galletas únicas que después serian famosas, las Champurradas. Los agentes aduaneros gentilmente nos habían informado que la iglesia evangélica "El Calvario" estaba a cargo de la recolección de recursos y distribución de ayuda a nivel nacional, así que esa misma tarde los Ancianos fueron a presentarse como voluntarios -y el resto del equipo- para que fueran considerados al trabajo de la reconstrucción, mientras los vehículos y el resto esperábamos en el estacionamiento. A las 4 pm volvieron los Ancianos con un hermano que nos guiaría al campamento que fue nuestro hogar por los primeros meses. En Guatemala todo comienza el lunes, así que, para no desarmonizar, quedó libre todo mundo durante el fin de semana, siendo jueves. Mama dijo que hasta las clases se reanudarían el lunes. Corría el mes de junio; el viaje había durado 3 meses.

En la cultura judía, la semana comienza el día domingo. En Guatemala, el lunes. El sol salió radiante, disipando la niebla de un brochazo. En la yerba del campamento todavía se miraba las gotas de rocío qué heridas por el sol irradiaban destellos, como ver miles de diamantes. Con los zapatos húmedos el grupo hizo una rueda, y esperaron atentos a que alguien comenzara con una reunión. Uno de los Ancianos tomó la palabra. Se aclaró la garganta y dijo: Bien, acá estamos delante de Dios, y enfrente de un desafío a servir en estas tierras. En realidad, no sabemos lo que nos espera, ni cómo se van a desarrollar los acontecimientos. Una cosa sabemos: la misión a la que nos hemos entregado comienza hoy. Y debe comenzar bien, y por el principio: -Oremos. Cerrados los ojos para concentrarnos en la grandiosidad de nuestra misión, el que dirigía dijo

"Señor Dios Todopoderoso, hasta aquí hemos llegado buscando hacer tu voluntad; Y ahora Señor, abre tú las puertas que deben abrirse en esta nación para que podamos penetrar con tu mensaje de salvación y buenas nuevas. Estamos dispuestos a compartir las buenas nuevas con toda la persona en esta nación, y más allá, donde tu santa voluntad nos quiera impulsar a partir de aquí y ahora. Desde ya, Señor, te pedimos que toques los corazones para que nuestro mensaje penetre como este rocío que cae y que vaya humedeciendo la tierra, para que la semilla germine, crezca, florezca y fructifique para la gloria de tu nombre. Amén"

Con esta sencilla oración nos preparamos para recibir el desayuno y luego salir en inciertas misiones a buscar la manera de integrarnos en esta sociedad, prestos a servir en las grandes necesidades materiales y espirituales de esta comunidad. La iglesia "El Calvario" estaba consolidando la ayuda que venía del extranjero, principalmente de Estados Unidos. Uno de los misioneros se empleó como administrador, mientras otro fue contratado como ingeniero, colaborando con los drenajes de una colonia popular del oeste de la ciudad, que estaba siendo construida para captar a miles de damnificados del reciente terremoto. Este trabajo proveyó la primera ayuda económica, ya que Loon había advertido que pasaríamos a depender de Dios en el proyecto porque la comunidad cristiana de California no tenía la capacidad de ayuda. Los demás, voluntarios en oficios varios de manejo de cajas y donaciones en bodegas y tareas similares. Los tres Ancianos regresaron al campamento porque su tarea era diferente.

Primera Reunión de organización.

¿Alguien tiene una idea?

Gunnar – Podríamos copiar el ministerio de Loon. Tenemos su apoyo.

- Opino que no, dijo René. El contexto es diferente, la cultura y las circunstancias. Pienso que debemos partir de 0.
- ¿Cómo así? ¿Sin tomar en cuenta la experiencia y los escritos que nos han enseñado desde nuestra conversión? ¿Y las sugerencias que dimos a Loon y nunca aplicó?

Calma, calma, hermanos -terció Joaquín- comencemos del principio. Un edificio de 50 pisos comienza con un sólido cimiento. Tan resistente el cimiento, tan alto puede ser el edificio. Parece que no es posible replicar el modelo de Oregón, ni es conveniente empezar de 0 solo porque sí. Si les parece empecemos haciendo preguntas y contestando con la sabiduría de la Palabra de Dios. Lo primero, segundo, tercero y último que nos dijo Loon es "lean la Biblia, apliquen la Biblia" inspirado en el libro de Santiago 1:22 ¿Les parece bien?

- De acuerdo.
- De acuerdo.

Sigue Joaquín, inspirado: ¿Quién quiere hacer de secretario de este Consejo? Esa también es una práctica de Loon que nunca debe faltar.

Si les parece, yo lo haré con gusto, dijo Gunnar.

- De acuerdo
- De acuerdo

Ahora, necesitamos los puntos que debemos discutir, aun cuando no nos dé tiempo hoy para abarcarlo todo.

¿Qué escribo?

Voy, dijo Gianino: El punto 1 debe ser ¿Cómo me gustaría ver la Obra de Dios establecida en 20 años?

¿Cuál será el nombre del grupo y el logotipo?

¿Nos incorporaremos a alguna denominación? Para comenzar...

Hay que elaborar un reglamento que nos dirija en actividades, administración, orden y disciplina. Sin eso no tenemos nada.

Joaquín callaba. Los otros hablaron de una radio FM, avioneta misionera, agencia de relaciones públicas, y otros sueños posibles e imposibles. Buen rato después, notaron el silencio de Joaquín y le preguntaron ¿te pasa algo?

- Nada. Solo que no hemos puesto el cimiento todavía y ya vamos por las ventanas.
- Y ¿Qué propones?
- ¿Qué y cuál es la acción más significativa en la vida del hombre (la humanidad) con respecto al Dios que creó el universo?
- ¡Wow! ¡Qué grande pensamiento! Como dijo Loon: No hay más grande acción del hombre para complacer a Dios que Glorificarle con todo el corazón, el alma, el cuerpo, la boca, las manos y todo el ser. Isaías 43:7.

- Tienes razón, dijo Giannino, por allí es que se comienza.

Y de esa manera, sin proponérselo ninguno, se estableció una jerarquía entre el incipiente Consejo, en el cual, Joaquín no era el filósofo, ni el promotor; era el condensador de la sabiduría que manaba del Consejo para emitir una resolución satisfactoria para todos y amparada en las Escrituras (entre similares) Pro 11:14 "Donde no hay dirección sabia, caerá el pueblo; Mas en la multitud de consejeros hay seguridad. 15:22 "Los pensamientos son frustrados donde no hay consejo; Mas en la multitud de consejeros se afirman"

Vamos a escuchar el reporte del primer día.

Una de esas noches del primer mes de nuestra estancia, El Director (Joaquín) tomó la palabra informalmente después de la cena diciendo: es hora de tomar otro paso y poner el primer pilar de lo que será nuestra casa espiritual. ¿Qué les parece abrir una cafetería donde la motivación no sea ganar dinero, sino cubrir los gastos, y relacionarnos con la gente? Esto daría lugar a la involucración de las hermanas, y también varones que no tengan un trabajo como el ingeniero y el contador, mientras vamos encontrando la manera de relacionarnos en este nuevo país e idioma. Así nació "el cafetín" situado en una estratégica avenida, punto de acceso a dos barrios populares y enfrente de la parada de varias rutas de buses urbanos. El entusiasmo se sudaba en ese lugar, la música cristiana era una novedad. Hombres y mujeres del grupo se turnaban en servir a las mesas cuando no estaban compartiendo el evangelio o haciendo amistad con los transeúntes y consumidores.

Mientras tanto el grupo seguía viviendo en el campamento al sur de la ciudad y todos los días tenían que pasar por una zona de abolengo y bienestar, donde vivían las personas de la clase media alta y alta de la sociedad guatemalteca. El Director siempre decía que los jóvenes, luciendo sus autos deportivos en la avenida y desperdiciando su vida en diversiones y entretenimiento, eran tan necesitados del Evangelio, como los obreros que solían tomar un último café antes de regresar a sus casas en el barrio popular del cafetín. La oración era que la palabra de fe alcanzará personas de esta esfera también, ya que el evangelio es para los pobres de espíritu y también para los de billetera abultada.

Doña Amelia comenzó a desempacar su cristalería, que había puesto en la carpa de lona en el patio su casa mientras pasaba el terremoto y comenzó recibido visitas de muchos familiares y amigos asombrados de que su revelación y advertencia había sido versa es real. Las dos hijas y otras amistades cercanas de las voluntarias empacadoras también se acercaron, ahora que aquella idea peregrina resultó en incuestionable realidad. Y le volvían a preguntar ¿cómo fue que alcanzo a saber que iba a venir un terremoto? Su yerno-socio tuvo que reconocer que tenía razón y que había sido prudente y sabia la decisión de detener la remodelación del restaurante del que eran dueños. Pero también estaba inquieto. Todos estos personajes, familiares y amigos, buscaban algo que les explicara qué pasó, pero nada aparecía. Las señoras empezaron a invitar a un misionero de Texas que estaba compartiendo unas conferencias en la iglesia de Amelia y los demás comenzamos a vislumbrar que Dios tenía algo que ver el asunto.

Entre estos y aquellas, los varones decidieron reunirse en la casa de uno de ellos con una Biblia cada quien. La veían y le daban vueltas; y aunque todos eran graduados de alguna carrera universitaria -algunos de USA- y exitosos empresarios, les daba frustración que este libro no tenía sentido, y mucho menos podían creer que su lectura pudiera tener alguna relación con los acontecimientos impresionantes que recién el país había sufrido. Un día el anfitrión del grupo de estudio anunció en el periódico que vendía una refrigeradora doméstica Y la administradora del cafetín pidió a los hermanos que cuando pasaron de regreso hacia el campamento fueran a ver la refrigeradora ya queda bien para suplir las necesidades de la cocina. Como los misioneros todavía no dominaban el español, se arriesgaron a decir: Hello! Y más asombraron cuando los cinco que estaban alrededor de una mesa les contestaron inglés. Hi. How can I help you? Y se comenzó la negociación, pero uno de los misioneros observó las Biblias encima de la mesa Y dijo: así que ustedes estudian la Biblia.

Si, pero no entendemos nada. Este libro es más enigmático que las matemáticas y ciencias que aprendimos en el cole de Estados Unidos. Y así, entre los misioneros y los jóvenes guatemaltecos acordaron que iban a hacer un intercambio: Los de US les iban a compartir lo que sabían acerca de la Biblia y la vida cristiana los esos profesionales les enseñarían cómo relacionarse con la sociedad guatemalteca. Eso se llama una entrevista celestialmente coordinada.

Y este paso tan sencillo en realidad marcó el futuro de esta agrupación. Los misioneros pudieron aprender la idiosincrasia guatemalteca desde un punto de vista privilegiado y los nuevos discípulos una perspectiva radical de cristianismo aplicado.

Ahora el equipo misionero tenía dos frentes: el cafetín y una creciente relación con elementos de la clase empresarial y socialmente bien ubicada del país. Este último grupo comenzó a reunirse en la sala de la casa de doña Amelia; amplia, céntrica, y socialmente aceptable.

Llegado el momento de consolidar. Primer trago amargo que daría dulces resultados: decir adiós a la hospitalidad doña Amelia, y repartir los cincuenta miembros de esa primera "Iglesia Familiar" en tres lugares distantes para que los grupos alcanzarán a otras personas. Hubo desacuerdos pequeños, Un poco de nostalgia y hasta lamentaciones de que el entusiasmo del incipiente ministerio se podía diluir. Sin embargo, nada de eso pasó. Se fundaron tres Iglesias Familiares, cuidadas cada uno por uno de los misioneros, con la compañía de cuatro a cinco discípulos cada uno para el futuro desarrollo. El cafetín se cerró y se rentó una casa de recreo con amplio estacionamiento para trasladar el campamento a un área cercana donde se estaba trabajando por contrato los drenajes. Este estaba en el occidente de la capital, pero la influencia de los misioneros, unida a las relaciones de los ejecutivos, que ya eran parte del liderazgo del grupo, crecía en la zona de privilegio económico de la ciudad.

CAPÍTULO DOS

LOS PRIMEROS DISCÍPULOS

Yo, Mark. Me apodaban Slight. En esos días, un niño.
Soy más bien menudo y nunca seré fuerte. Nací prematuro y con signos de parálisis cerebral muy leve. Esa es una tragedia que acontece cuando el cerebro del recién nacido no recibe el debido oxígeno pronto y sus células nerviosas comienzan a morir por millares; y para cuando llega el ansiado oxígeno, hay tanto daño como el tiempo que ha transcurrido y es irreversible. Dicen que fue un parto muy difícil y un milagro que sobreviviéramos ambos. Desde que me recuerdo he sido bien cuidado y sobreprotegido. He aprendido a vivir con mi condición, y aparentemente "la he superado" Lo que nadie sabe es hasta qué punto. Solo Dios y yo. Por mi endeble condición física y la difícil motricidad, mis compañeritos del jardín de infantes, reflejando la natural crueldad de la infancia, me apodaron "slight" que viene siendo una fusión de dos conceptos: slow, por lento y light por liviano; Y, por cierto, todo eso pudo ser una ventaja, pues también me trataban con lástima y así aprendí que podía fingir más debilidad que la que en realidad padecía y esa percepción la usaré siempre. Muchos amigos y conocidos de la infancia todavía siguen creyendo que no veo bien; no oigo bien, ni entiendo bien lo que pasa a mi alrededor.

Hace rato me di cuenta de que tengo la habilidad de escuchar dos y tres conversaciones simultáneas y aprendí a fingir neutralidad. Los adultos me ignoran pronto en sus reuniones porque me integro al paisaje y entonces suelen hablar de todo. Sé mucho más de lo que cualquiera puede imaginar. He oído cosas de cosas. Además, puedo almacenar una enorme cantidad de recuerdos en mi memoria, principalmente nombres e historias; extrañamente esa habilidad no llega a los números, así que hasta contar los años y relacionarlos me aburre. En realidad, soy un tipo "promedio": el tercero de cuatro hijos, no muy alto, ni muy bajo; ni gordo, ni flaco; ojos color miel, escaso pelo lacio, castaño. Mis rasgos físicos de apariencia son genéricos y puedo pasar por árabe, judío, español, italiano, colombiano, mexicano y otras gentes sin desmerecer.

Durante los primeros años de la incipiente organización, las reuniones de la directiva (desde el inicio se llama "Consejo") se efectuaban en la sala de nuestra familia, se fue haciendo normal que me dejaran "jugar" en el área, porque allí ni me notaba y era mejor para todos.

Hasta tuve la suerte de contar con dos mentores en la infancia: Mi padre Ignacio y el "Tío Lal" Éste en realidad era un campesino guatemalteco que cuidaba el jardín de nuestra casa, pero era sabio y experto en lenguaje corporal, aunque no sabía leer libros. Me decía "conejito" y una vez le pregunté porque y me relató un cuento:

"Érase una vez que se presentaron los animalitos del bosque ante el Creador y les fue preguntando uno por uno si es que tenían alguna necesidad. Cada uno dijo algo, y les fue explicando o concediendo lo pedido, hasta que llegó el conejo: resulta, gran Señor, que soy deforme: Dientes muy grandes, patas traseras enormes y delanteras muy cortas. No tengo garras ni colmillos para defenderme y debo dormir sólo con un ojo para no morir.
Entiendo, dijo el Señor. Si traes un mechón de la punta de la cola del lobo, te daré su tamaño y si puedes conseguir un mechón de la melena del león, te daré garras.

El conejo salió disparado a buscar las prendas. Primero, el lobo. Escondido en lo profundo de una cueva rocosa lo llamó; ¡señor lobooo!
¿Por qué me llamas, conejo? ¿Quieres que te coma?
No. Lo que quiero es contarle que sé dónde hay un enorme queso esperando por Usted.
¿Y dónde está esa delicia? Porque hace mucho que no he comido queso.
Vaya por el camino de la bajadita y antes del bosque verá una poza; el queso está abajo. Es solamente de beber un poco de agua y ¡a disfrutar!

Bien, dijo el lobo; voy de prisa y echó a andar. El conejo lo siguió a prudente distancia.
Cuando el lobo miró la luna llena reflejada en el agua, de verdad le pareció un enorme queso en el estanque y bebió tanta agua que se empanzó, hasta no poder moverse, con lo que el conejo pudo acercarse y cortar con una tijera la prenda que necesitaba.

Faltaba el león. Ése fue más fácil: La misma oferta de lejos. ¿No quisiera el rey del bosque cenar gacela tierna?
Si, pero cuando me acerco, el olor me delata y no las alcanzo.
Oh, si; ya veo. Si me da Usted un mechón de su barba, yo vendré de donde sopla el viento y Usted solo espera del otro lado cuando huyan del olor. Con mucho gusto haré eso para que cene usted como es digno del rey de la selva.
Bien dicho, conejo. Acá tienes el mechón de barba y apresúrate, pues se me "hace agua la boca"

El conejo salió corriendo, pero no a espantar gacelas, sino a reclamar su premio. Pero el Creador le dijo: Conejo, con tu ingenio no necesitas más recursos para vivir y si te diera lo que pediste, habría desequilibrio en la naturaleza; pero para que recuerdes este día, mejor te agrandaré las orejas...

Y el tío al preguntó a Markito: ¿Entendiste el cuento?
No mucho, dijo el niño.
Vos sos el conejo. Te hacés el baboso, pero observás todo y no se te pasa nada. Hasta tu papá cree lo de la escuela y mientras tu mamá te da clases, podés estar entre los meros-meros, los Ancianos y Directores, como parte del medio ambiente, y ellos creyendo que en nada te fijás. Pero a mí no me hacés "papo"
A ver, ¿decime que no es cierto?
Mejor ni le contesté, y puse más atención a lo que me enseñaba de la vida, aunque no sabía leer.

Fermín Gutiérrez había nacido en una ciudad del oriente de Guatemala. Se casó con Olimpia y tuvieron dos hijos. Ellos ambicionaban que sus hijos tuvieron la oportunidad de ir a la Universidad y por ese tiempo solo existía la capacidad de hacerlo en la capital, Así que se trasladaron. Rentaron un apartamento en una colonia popular y como negocio instalaron una carnicería. El negocio iba bien, y los estudios de primaria de los niños avanzaban. Pero la tragedia acechaba; una tarde de 1977 cuatro encapuchados con armas entraron por la carnicería y con serias amenazas robaron todo el producto del día y como que sabían que estaba todo el dinero para pagar a los suplidores de carne. En este momento Fermín pensó que había terminado todo; no tenía como seguir adelante. Olimpia le dijo: ¿recuerdas lo que dijo mi prima acerca de ese Dios que puede con cualquier problema? Si por lo menos Dios nos hace el milagro que retorne la esperanza y el entusiasmo para seguir trabajando. Que podamos de alguna manera pagar la renta de la casa, y conseguir más crédito a los suplidores, explicando lo que pasó y enseñando los documentos de la denuncia que hicimos ante las autoridades, quizás podemos salir de este pozo.

Increíblemente Fermín se animó y el próximo miércoles se presenta en la Iglesia Familiar que estaba más a su alcance y dice: Bueno, esto pasó y no tengo nada en la vida. El encargado de la pequeña Iglesia, compadecido de esta situación, hizo una oración pidiendo que Dios tomará el control de estas vidas y los llevará por un Camino Nuevo. Fermín como pudo consiguió un crédito. Pero ya no se sentía seguro con el negocio la carnicería, y pensando qué hacer, tomó consejo de los dirigentes del grupo cristiano.

Al final le sugirieron que vendiera la carnicería, que pagar un mes de renta de su casa y se tomara un tiempo de reflexión en la granja con ellos. Oraría y buscaría la voluntad de Dios para su vida, la de Olimpia, y sus hijos.

Esta familia fue la primera en integrarse a la vida comunitaria del ministerio, tal como lo practicaran en California los que vinieron de allá. Fermín encontró qué hacer y pasado el mes, remató sus pertenencias, diciendo que iba a crecer en la Nueva Vida de la mano de Cristo.

Gunnar, uno de los misioneros de California, contrató a un niño para que diera brillo a sus zapatos es un parque público de la ciudad, e inició un diálogo:

¿Cuál es tu nombre niño?

Carmelo, pero todos me dicen Lito.

¿Y dónde vives?

Por aquí y por allá.

¿No tienes casa?

Soy huérfano; una tía a veces me da alimentos, pero a su esposo no le agrada. Mucho menos que yo viviera con ellos. Así que a veces duermo en el portal del comercio enfrente del parque central.

A Gunnar se le humedecieron los ojos recordando que él mismo había pasado temporadas así cuando era hippie; pero era un adulto joven y no un niño.

¿Querrías venir conmigo a vivir a mi casa? Le dijo.

¿Porque querría hacer eso señor? Pregunta el niño desconfiadamente.

Porque yo también tuve necesidad y gente me abrigó; y porque la Biblia dice que quien da un vaso de agua a un niño o un necesitado, es como si se lo estuviera dando a Jesucristo mismo. ¿Entiendes lo que digo?

Un poco. Pero me parece increíble.

Ven conmigo. Te presentaré con mi familia. Tengo un hijo más o menos de tu edad y podrían ser amigos.

Así fue como otro que llegó a ser discípulo se unió al ministerio.

En el clima tropical de Guatemala, entre mayo y octubre es la época de lluvias. En casas con techo de láminas de zinc, puede oírse las gotas sonar como golpes de redoblante en una sartén. Primero una, ¡clan! Luego otra, ¡clan! Después dos juntas ¡clan, clan! Y luego ya no se pueden definir la ametralladora de gotas... De esa misma manera comenzó a llegar gente a las reuniones de todas clases y estratos sociales, empresarios, militares, obreros, contratistas, comerciantes, estudiantes, terratenientes... y el grupo comenzó a definirse.

Los 8 directivos (los tres de Klamath y los cinco ejecutivos de Guatemala) se reunían entre semana para planificar e inventar actividades. Se alquilaron salones de hotel para seminarios de temas familiares, con respaldo bíblico y, por enfática exigencia de uno de los cinco, la atmósfera y las disertaciones manifiestan un claro tono académico, sin tinte religioso.

La casa de doña Amelia es amplia y acogedora; su sala puede contener hasta cincuenta personas y ella, muy colaboradora, se convierte en la primera Iglesia Familiar.

Y así, fueron los inicios del ministerio.

CAPÍTULO TRES
UN NOMBRE

¿Cómo llegaron al nombre del ministerio?

Comenzamos una reunión de estudio de la Biblia a las 6:00 am, con una asistencia promedio de 30 personas. Tiempos de guerra; los cuatro ejércitos guerrilleros, todos formados y combatiendo desde 1960, su unieron en uno: ORPA, Organización Revolucionaria del Pueblo en Armas. El territorio nacional se divide en dos: De día, el ejército hace presencia en las ciudades del interior; de noche, los soldados se encierran en los 22 cuarteles departamentales, y los guerrilleros salen y hacen su labor de terror, saqueo, y adoctrinamiento forzoso. La capital, atemorizada; por temporadas, en Estado de Sitio y pocas veces, con toque de Queda, de 10:00 pm a 5:00 am.

Una mañana de estudio Bíblico se aparecen dos señores a las 8:00 am y educadamente esperan que se disuelva la reunión. A la hora del café -en Guatemala es sinónimo de hospitalidad- se sirven una taza y preguntan por el encargado. Se presenta el Director – y yo a su lado- y le preguntan:

¿Qué hacen Ustedes? ¿Quiénes son?

Somos misioneros cristianos que vinimos de California para ayudar al país en la reconstrucción. Creemos en Jesucristo y que La Biblia es la Palabra de Dios.

Muy bien. ¿Tiene el grupo una Personalidad Jurídica?

¿Qué es eso?

En USA le dirían Corporación. Es un certificado del Departamento (secretaría) de Gobernación que indica sus actividades, procedimientos y formas para que operen legalmente en el territorio nacional. Principalmente por el clima de inseguridad que sufre el país, ese trámite es muy necesario.

¿Y dónde se consigue?

Encuentren un abogado y él les ayudará. Mientras tanto, pueden seguir sus actividades regulares y nosotros reportaremos que en breve tendrán sus documentos en orden.

Pues, muchas gracias por la visita. De seguro procederemos.

Los ejecutivos del Consejo tenían, por supuesto, los contactos y el abogado llegó a una primera reunión con el Director y al explicarle el asunto, dijo: ¿Cómo se llamara la Iglesia?

Iglesia Cristiana.

No se puede. El nombre no puede ser genérico, sino sustantivo.

Entonces, hay que pensarlo más. Nos reuniremos y escogeremos en nombre en sesión del Consejo. Le avisaremos. ¿Hay algo más que podemos avanzar mientras? Y el abogado nos ilustró de detalles generales de la organización, dejando solamente lo del nombre para definir.

Reunido el Consejo de los 8, y yo "jugando mis carritos…" pero sin perder detalle, comenzó desde el resumen histórico desde la Reforma de Lutero, que puso fin a la iglesia única de la Edad Media e inauguró el Protestantismo, porque Lutero comenzó su movimiento con un documento de reclamación al sistema papal titulado "Protesto" de 95 tesis, acerca de prácticas de la iglesia católica que no estaban amparadas en la Biblia. La principal objeción fue que la Salvación es por Fe. No por obras, ni pagos, ni intermediarios. Y Loon había enseñado correctamente a los misioneros en la sana doctrina.

Punto uno: se llamaría Iglesia, no "Centro Cultural, Asociación, o Confraternidad"

Segundo: Los cinco de Guatemala dijeron que, aunque éramos descendientes del Movimiento de la Reforma Protestante, no era sabio definirnos como Evangélicos (la alternativa) porque culturalmente esas corrientes tenían una mala relación; parecida a judíos y samaritanos del tiempo de Jesús.

¡Parentésis! Dijo Eddy abruptamente. Estoy confundido. No son evangélicos, ni católicos... entonces ¿Qué son?

Larga historia, dije. Tomemos otro café y caminemos un rato.

Pero volvemos, porque no puedo escribir andando, ja, ja, ja.

En este momento, Eddy y yo nos sentíamos cómodos en la relación. Yo veía un joven reportero curioso y desinhibido. Hacia mí, lo sentía franco y sincero. Me agradaba. Me quiso decir Mr. Mark; le dije que en todo el ministerio me llaman sencillamente Mark; los guatemaltecos más cercanos, Maco, y varias señoras que me vieron crecer, Maquito. El entendió. Ahora soy Mark.

Cerrando el paréntesis de Eddy, reasumí la historia: La consolidación de la primera iglesia no-católica en Alemania fue caótica y violenta. Hubo muertos, zafarranchos callejeros, persecución y saqueos de ambo lados. Martín Lutero fue secuestrado por su amigo, el rector de la universidad de Wittenberg para salvaguardar su vida porque la inquisición (tribunal de Roma) le acosaba. El rector lo escondió por 15 años y nadie supo dónde estaba, hasta que fue seguro. Pero Lutero aprovechó para traducir la Biblia entera al alemán y fue la primera Biblia en otro idioma, aparte del latín.

La iglesia católica excomulgó a Lutero y lo calificó de hereje (y con él, los seguidores) Lutero quemó la carta papal y el movimiento fue denominado hereje. Después se pronunciaron otros maestros y fundaron iglesias con interpretaciones bíblicas correctas que Lutero no había visto y no se practicaban (y hasta la fecha) en la iglesia luterana, por ejemplo: el bautismo con hisopo y no por inmersión total.

Esta situación duró 400 años y fue en 1930 que una iglesia protestante bautista en Holanda logró superar sus tradiciones y procuró un acercamiento a la jerarquía católica para algo como una incipiente unidad. Fueron rechazados.

En 1950, al papa Juan XXIII le pareció que era un buen recurso desperdiciado y con otra visión, inicia un proyecto ecuménico, con unos cambios atrevidos: Que la principal ceremonia semanal (llamada misa) se dirija en el idioma del pueblo y no en latín y que la gente pudiera leer su propia Biblia, también en su idioma. Los evangélicos no serán más llamados herejes, sino "hermanos separados" y así habrá "un solo rebaño y un solo pastor..." como está escrito en Juan 10:16. Seguramente pensando que el pastor único sería él mismo.
Para 1985, en América Latina, después de haber sido acosados y correteados en pueblos y aldeas, sin poder comprar en las tiendas y pulperías cuando iban predicando y sufriendo vejaciones, el ver a ciertos católicos de grupos emergentes (Catecúmenos, emproístas, de colores y otros) que cantaban himnos y coros clásicos evangélicos, imitaban el estilo de los predicadores, hacían reuniones sin cura ni ceremonia y parecían querer imitar a la iglesia evangélica, la cultura se polarizó y fue prohibido a los evangélicos entrar a una casa de católicos, a menos que fuera para predicar o la conversión de los habitantes.

El Consejo, visto que los misioneros no comprendían esa actitud, se definió por Iglesia Cristiana y, evitando los clásicos lugares bíblicos, tomamos el nombre de Dios, como Él dijo a Moisés en Éxodo 3:14 "Así dirás a los hijos de Israel: Yo Soy el que Soy me envió a vosotros..." así que nos gustó y así cumplimos los requisitos que dijo el abogado y así mismo quedó.
Eddy pregunta: Y, ¿No les pareció irreverente tomar el nombre del mismísimo Dios? De lo poco que conozco de cristianismo, son Ustedes muy respetuosos.

Pues sí, lo somos. Pero el primer artículo de nuestra Declaración de Fe, que está disponible para leerla, establece que la Biblia es la Palabra de Dios, y en ella se relata que cuando un patriarca, Moisés, enviado por Dios a liberar al pueblo de Israel de la esclavitud en Egipto, le preguntó a Dios ¿Y si me preguntan quién me envió? ¿Qué les contestaré?

Yo Soy el que Soy. Diles que Yo Soy te envía. Así que Yo Soy es el Nombre de Dios.
===

Resumen del día.

Me cayó bien Mark. Su risa franca, sus ojos amistosos, buen humor, su lenguaje corporal relajado, humilde, sencillo. Pero debo permanecer muy atento o perderé el filo de la necesaria desconfianza del periodista. Las notas van bien. Tengo información básica y veremos cómo mejora con las próximas sesiones.
En la tarde caminé por los campos y vi más de cerca la extraña mansión techo de loza brillante azul, que no es típica de USA, que yo sepa. Seguramente Mark sabe. En cualquier momento le preguntaré.
La tertulia del salón después de cenar también fue satisfactoria. Me sentí como parte del grupo y como que nos conociéramos de hace tiempo.
===

Mark.

Del este día, nada extraordinario. Si Eddy estuviera armando un rompecabezas, la primera pieza que tiene en la mano no le dice nada. Veremos cómo siguen sus preguntas porque de nada vale la información que poseo, si no llena una interrogante.

Mañana será otro día.

CAPÍTULO CUATRO
EVANGELISMO

2ª sesión con Mark. Me hace notar que, aunque es un día parecido al de ayer, es completamente diferente. Dios no hace copias, sólo originales. Nunca había pensado así, pero es cierto. Así que con esa reflexión comenzamos.

Sé qué el propósito de las organizaciones cristianas o iglesias, tienen una actividad importante llamada evangelismo, y es para conseguir nuevos afiliados y seguir creciendo en alcance y cantidad ¿Cuál es el método favorito de Yo Soy?

- No tenemos.
- No puede ser.

Somos un ministerio empírico. Nuestros Ancianos directores y demás oficiales y autoridades no hemos sido capacitados en una institución académica, ya sea seminario instituto bíblico o universidad. Nos desarrollamos a partir de una relación de compañerismo, servicio y confraternidad.

Casi siempre, entre nuestros primeros pasos, asistimos a una Iglesia Familiar; este es un grupo de 10 a 20 personas qué se reúne una vez por semana con 5 objetivos:

Confraternización.

Edificación en el estudio de la Biblia.

Oración unos por otros o ministración mutua.

Alcance, para buscar otros que se sumen al grupo

Desarrollo de los nuevos discípulos.

Conforme nuestra participación va mostrando fidelidad y capacidad para dirigir o coordinar grupos similares, la persona se va superando y va adquiriendo mayores responsabilidades. Así toma lugar la generación de nuevos grupos que se van sumando al grupo completo y crecemos.

¿Pero, entonces cómo hacen el evangelismo?

Le voy a contar unos casos de cómo gente vino a Cristo y usted escoge el método y me dice que ve:

Uno. Antenógenes:

Nombre difícil de olvidar. En toda mi vida he conocido únicamente dos y ambos en Guatemala. Por cómo suena pareciera un nombre griego, pero ambos son guatemaltecos.

El hombre llega a una reunión de estudio bíblico de las 6:00 am y al final del cafecito se me acerca al Director y le dice: ¿quién es Ignacio?

Contesta: Yo ¿Cómo puedo servirle?

Un amigo suyo, vendedor de seguros, a quien yo quise vender mis productos, me dijo que usted tenía algo supremamente importante para decirme ¿qué es?

-Bueno, lo más importante en esta vida es asegurarse la vida eterna y eso se consigue a través de que Jesucristo perdone sus pecados, cualquiera que sea su cantidad o categoría.

De alguna manera, el corazón de Antenógenes estaba dispuesto para esa invitación; muy elemental si usted quiere, pero a él le funcionó e hizo la oración de fe; porqué es necesario cumplir dos sencillos requisitos bíblicos para acceder a esta categoría de hijo de Dios:

Evangelio de Juan capítulo 1, y versículo 12 dice que *"Jesús vino a lo suyo. Una misión específica, y los suyos, es decir los judíos no le recibieron..."* Pero hace la aclaración de que, *"a los que le recibieron, a los que creen en su nombre les dio potestad ser hechos hijos de Dios"*

Obviamente, todo hijo de Dios entra a la categoría de miembro de la familia de Dios y el hijo pertenece a la casa paterna, así que con eso se asegura un lugar en el Reino de los Cielos.

El procedimiento es igual de sencillo. Libro de Romanos, capítulo 10 dice el versículo 10 qué es muy sencillo el procedimiento, porque el mensaje está muy cercano: *"En la boca y en el corazón. Qué si creyeres en tu corazón que Jesucristo es el Señor y que Dios lo levantó de los muertos, y le declaras con tu boca como Señor y Salvador de tu vida"* ya estás siendo parte del Reino de Dios y de la familia de Dios. Antenógenes lo agarró. No fue no fue complicado para él simplemente recibirlo por fe; como cuando le ofrecen a usted un obsequio por el que no tiene que pagar nada. Solo los recibe y lo agradece. Hasta la fecha, Antenógenes es un miembro fiel del Reino de Dios y se encuentra haciendo una obra de misericordia al pobre y necesitado en las áreas carenciadas de los barrios marginales de la ciudad de Guatemala.

Dos. El filósofo

Éste era un maestro retirado de 70 y pico años de edad y tenía un conflicto en su vida: Su esposa, sus dos hijas y sus yernos, eran buenos cristianos, y no perdían oportunidad de invitarle a que él también se convirtiera al cristianismo. Él se resistía porque pensaba que un filósofo no puede ser Cristiano, ya que, según él, la filosofía es reñida con la fe, y sólo se apoya en la razón y la lógica. Un día llegaron a su casa unos amigos y estuvieron alternando diferentes ambientes de la sala y en un momento dado, este señor filósofo se sentó junto a uno de los cristianos visitantes y estuvieron conversando y hablaron de temas sociales irrelevantes... pero en la conversación el filósofo observó que su interlocutor no mostraba un lenguaje tradicional religioso y entonces se atrevió a hacerle una pregunta:

-Oyéndole hablar pienso que usted puede dar respuesta a una pregunta que yo tengo en mi corazón por mucho tiempo de mi familia:

¿Cómo hago para explicarle a mi familia que un filósofo no puede ser Cristiano? Es como el aceite, que no se mezcla con el agua.

El otro le contesta: Extraña su pregunta, porque yo soy filósofo y soy también Cristiano.

El filósofo pensó el otro se burlaba de él y un poco ofendido y desafiante le dijo:

¿Y cuál es la escuela de filosofía que usted practica?

Y el otro le dice: Yo soy un filósofo pragmático, y como usted sabe, nosotros los pragmáticos buscamos el bien supremo a través de medios legítimos. El bien Supremo es Dios y conocerle. Ninguno de nuestros métodos para acercarnos a Él son engañosos, dañinos o perversos.

Y el filósofo dijo: Entonces resulta que yo también podría ser Cristiano. A lo que le dijo: por supuesto y le guió en una oración, como la de Antenógenes, lo que resultó en otro Cristiano más sobre la faz de la tierra.

Tres. El Pecado

Conversando de todo un poco con un miembro de nuestra congregación, una señora sacó el tema del cristianismo. ¿Cuál es el problema del cristianismo, ya que quieren convencer a una de qué es pecadora y yo no lo puedo ver así?

El hermano le dice: bueno, que usted mide los pecados y cuenta solo los "grandes" No te he matado a nadie, nunca he robado a nadie; no soy un asaltante, no soy narcotraficante, ni nada parecido.

Entonces, ¿Usted cree que todas sus acciones, pensamientos y palabras son agradables a los ojos de Dios?

Ok. Ok, perfecta no soy; pero tampoco para compararme con pecador de ligas mayores, pues hay una gran diferencia.

Muy bien; suponga usted qué decide hacer una tortilla española de huevos con jamón para su familia. Así que pone una sartén con aceite en la estufa y les añade cebolla picada, tomate, y el jamón. Después comienza a añadir los huevos, uno por uno. Se le dan dos golpes en la orilla de la sartén y después con los dedos pulgar se abre y cae el contenido sobre la sartén. 1... 2... 3... huevos. Y allí va la docena... ¡No! Cuando usted y parte el número 10, cae de un color diferente; la clara no es transparente y la yema se desparrama y un olor fétido se levanta la sartén. ¿Quedará bien una tortilla española con 9 huevos buenos y uno podrido? Pues no. Toda la tortilla es un desastre.

Toda la tortilla se echó a perder. Así es nuestra vida. Si Usted ha hecho muchas buenas acciones y "nunca ha hecho mal a nadie" pero alguna vez maldijo a su prójimo, pensó o maquinó cómo tomar venganza, guarda rencor, tiene envidia, muestra egoísmo, calumnia al vecino y cosas semejantes ya es culpable de pecado.

Solamente puede llegarse al cielo de dos maneras:

1. Ser 100 % perfecto, sin pecado; Algo que Usted reconoce no ser.

2. Haber sido perdonado por toda injusticia y pecado al aprovechar la oferta gratuita de Jesucristo, quien pagó en la cruz del calvario por todos los pecados de la humanidad. "Porque la paga del pecado es la muerte, pero la dádiva de Dios o sea el regalo de Dios es vida eterna en Cristo Jesús"

Si, el procedimiento ya lo sabemos.

Cuatro. El Mecánico.

Entre 1979 y 1985 la congregación, ya con unos trescientos miembros, rentó una casona de 15 dormitorios y como 20 baños, con varias salas y un patio delantero y estacionamiento para unos 20 autos, en una avenida del área más creciente de comercio e inspirado el Consejo por un escrito del Profeta Isaías en su libro de la Biblia, en el capítulo 54, versos 2 y 3:

"Ensancha el sitio de tu tienda, y las cortinas de tus habitaciones sean extendidas; no seas escasa; alarga tus cuerdas, y refuerza tus estacas. Porque te extenderás a la mano derecha y a la mano izquierda; y tu descendencia heredará naciones, y habitará las ciudades asoladas"

Así fue que un tabernáculo de lona, extravagante y de vivos colores amarillo y verde fue visto iluminar la noche en el patio delantero de la casona, para reuniones públicas el domingo en la mañana, variadas convocatorias los sábados por la noche y una especie de oficinas comunitarias entre semana “para lo que se pueda ofrecer...”

Según lo relató el mecánico de quien estamos hablando, una noche de sábado, como a las 9:00 pm, acertó a pasar frente a la carpa (así conocida la tienda de tipo circo) y vio un espacio para estacionar vacío, al frente de la puerta principal.

En un impulso dijo a la esposa: ¿Entramos?

-Si, hagámoslo.

Al acercase a la puerta, una pareja les recibe con una sonrisa; les brinda una amable bienvenida y les anima a entrar por el pasillo central de dos grupos de sillas, como para 600 personas. El lugar tenía pocas sillas vacías, pero en una plataforma elevada al frente, unas 10 personas de pie y un hombre con el micrófono decía:

“... Y si Usted está sintiendo que es su momento para recibir a Cristo como el Señor y Salvador de su vida, ¡Venga! Camine hacia acá y yo le espero para hacer juntos la oración con la que sella su destino eterno en la familia de Dios”

-Dijo ella: ¿Pasamos?

-Pasemos.

Y así, dos almas más se añadieron esa noche y perseveran sirviendo al Señor en Guatemala.

Y conozco muchos casos más, pero me parece que ya tiene una buena idea del evangelismo. Así que, más que un método, el evangelismo es una actitud de amor y fe.

Para rematar esto, aunque al inicio no se planeó, hoy a las 4:00 pm tiene una invitación para conocer a un miembro del Consejo y cenarán juntos en su casa; o talvez debería decir apartamento, pues vive en la casona de techo azul que se ve en la colina. Se que disfrutará la compañía.

Utrhed Lundlson me esperaba en la enorme antesala de la especie de mansión de peculiar estilo arquitectónico. Nada que ver con los estilos victorianos del país, o colonial; una edificación de alt*ísimas* paredes blancas, rematadas por los vistosos azulejos brillantes, ventanales de hierro forjado negro mate y madera de roble.

Aunque había una especie de sala comunitaria, con cómodos sillones bien dispuestos, ambientes de sala familiar, algunas pantallas de entretenimiento y demás comodidades, el anciano de bien cuidado pelo blanco me condujo a su apartamento de una vez. El ambiente parecía una enorme biblioteca. Imagine una librera hasta el techo, a lo largo de toda la pared. Pude ver libros de todas presentaciones, en varios idiomas; en las otras paredes, pinturas variadas de paisajes, el mar. Ninguna figura de hombre, mujer o animal. No hice comentario alguno.

-Bienvenido a mi humilde hogar.

Después de tomar un té con la consabida galletita, el anciano introdujo el tema.

-Me dice Mark que hará un reportaje de nosotros en el diario para el que trabaja; es nuestra primera vez en que recibimos tal distinción.

-Si. Hasta acá está siendo muy interesante lo visto y espero, no sólo que resulte en un buen trabajo periodístico, sino que exponga la labor humanitaria que están haciendo.

-Así lo espero también.

Comencemos: Me llamo Uthred. Nací en Noruega en 1930 y aunque viví en algunas ciudades europeas por cortos plazos, mi hogar siempre fue Oslo. Casado con Camila, quien llegó como estudiante de intercambio, tuvimos dos hijos y una hija, actualmente felizmente casados y todos permanecen en Noruega. Camila falleció acá hace seis años, pero fuimos muy felices.

Trabajé toda mi vida productiva en Europa en seguros, y me retiré al cumplir 50 años, conforme al plan de vida que acordamos con Camila. Dividí todo mi capital en cinco partes y di a cada hijo su 20% como herencia, mientras tomé el resto y en un banco suizo que me paga con los intereses lo suficiente para vivir sin presiones... y un poco más.

Pensé que quería vivir de eterno turista y me engañaba a mí mismo con solo existir; comer... dormir... leer... comer... dormir... leer... comer... dormir... leer... ¿Cómo se llamará esa condición?

Rentar una casa en diferentes países y experimentar otras culturas tenía sus atractivos y ni estaba consciente de si era lo que quería o no. Volvíamos a Oslo (y todavía lo hago) una vez al año, para visitar a los hijos y nietos, como debe de ser.

En 1988 vivíamos en una linda casita a orillas de un lago en Guatemala, distante unos 20 kilómetros (12 millas) de la ciudad capital. Yo solía sentarme en el muelle de la casita, frente el lago y miraba el agua, los patos que nadaban cerca, alguno que otro pez que se asomaba, botes de remos o motor y algún velero...

Antes de fin de año pasamos de casualidad frente al tabernáculo en cuya puerta decía Ministerios Cristianos Yo Soy y en un rótulo en la puerta: Reuniones Públicas Domingos 10:00 am. Entrada gratuita.

¿Qué parece, Camila, venir un domingo de estos? ¿A ver cómo es eso?

-Pues sí; hay que experimentar.

-Entonces, el domingo acá estaremos.

Efectivamente, llegamos. Mucha amabilidad; parecía una celebración festiva; muchos elegantemente vestidos. Otros no tanto, pero el trato era igual para todos. Nos atendieron bien en todo momento, pero sin exagerar. Se comienza con una invocación a Dios y prorrumpimos en cánticos que eran dirigidos por un grupo de músicos y cuya lírica fue proyectada en una pantalla de teatro para que, quien así lo quisiera, pudiera sumarse a las voces con la mayoría de los presentes. Muy alegre todo. Después de unos avisos de actividades entre la semana, procedimos a escuchar la conferencia sobre algún tema de edificación cristiana... todo muy normal.

De pronto, ¡como un rayo desde cielo sin nubes! ¡Racatarracata Plum! ¡Algo me impactó que dijo el predicador!

Al recuperarme de la conmoción, analicé ¿Qué pasó aquí? No es que se escuchó un estruendo, ni siquiera un grito. Fue un concepto: ***Siento que hay, por lo menos una persona entre nosotros, que está padeciendo de Vacío Existencial y puede buscar ayuda al final de la reunión.***

No estaba consiente que fuera yo, ni sabía de la condición, pero me propuse hablarle como dijo y al final le abordé: Joven, me gustaría venir entre la semana y conversar con Usted.

- Será de mucho agrado ¿Cuándo puede venir?

- ¿Está bien el martes, a las 11:00 am?

- Me parece bien. Nos vemos entonces.

Por supuesto, Camila vino conmigo y después de los saludos correspondientes, y el respectivo café guatemalteco, entramos en materia. Le conté que mi trasfondo religioso era luterano por herencia familiar y llevaba una vida familiar tranquila como jubilado bien acomodado económicamente, buena salud, el amor de Camila y mis hijos en Noruega. Nunca había reaccionado de la manera del domingo en la reunión; Quizá conocía el concepto, pero de forma intelectual. Lo que sentí con su expresión del vacío existencial nunca lo había sentido y por eso estoy aquí.

- Entiendo. Lo que pasó el domingo fue una revelación del Espíritu Santo de Dios que se llama Palabra de Ciencia y es un mensaje para alguien del que no hay manera humana de saber ¿Cómo? O ¿Por qué? Se da en cualquier momento y situación; por eso se da oportunidad de identificar para procurar que la Palabra pueda ser aplicada.

De lo que puedo ver, Usted es una persona extraordinaria. No cualquiera se retira a los 50 años, heredando a los hijos y quedando con un retiro solvente; sin prisas ni presiones. Ahora bien, por favor no se ofenda con lo que sigue: Es una vida muy egoísta. El ser humano no fue creado para vivir así.

Como aprendemos de niños en la iglesia (Luterana o alguna otra de la Reforma Protestante), el patriarca Abraham recibió de Dios una Promesa grande y una comisión en Genesis 12:2 ***"Y haré de ti una nación grande, y te bendeciré, y engrandeceré tu nombre, y serás bendición"*** La promesa es que sería engrandecido y bendecido. La comisión es que él mismo sería de bendición para otros.

En Isaías 43:7 Dios expresa lo que le agrada de nosotros:

"Todos los llamados de mi nombre; para gloria mía los he creado, los formé y los hice"

Eso se llama el Propósito de Dios; y es inalcanzable; pero practicar el conseguirlo brinda satisfacciones que llenan el alma e hinchen el corazón de manera que llenan cualquier vacío y redundando, dan sentido a la vida.

- ¡Wow! ¡Que diagnóstico! ¡Ya lo visualizo! ¿Cómo lo ves, Camila?

- ¡Sencillo e impresionante!

- Y ahora, ¿Cuáles acciones hay que emprender?

- Esa es otra escritura, ahora en palabras de Jesucristo, en el Nuevo Testamento: ***"Así alumbre vuestra luz delante de los hombres, para que vean vuestras buenas obras, y glorifiquen a vuestro Padre que está en los cielos" Mt 5:16***

Y como he sido una persona disciplinada en actividades, no teniendo relaciones afectivas en Guatemala, me fui apareciendo en la carpa aquella sin motivo aparente y haciéndome voluntario sin nombramiento en la antesala de las oficinas. Pronto fuimos parte del ambiente y el personal, Ancianos y secretarias, me pedían pequeños encargos y yo los hacía con gusto; también Camila fue gustosamente aceptada por la iglesia y participábamos de casi todas las reuniones.

En pocas semanas me fui integrando a la vida de la iglesia y a pesar de mi edad, me encargaron una Iglesia Familiar en un poblado intermedio entre la casa del lago y la capital, lo cual fue para nosotros un privilegio grande y para entonces ni me recordé más del vacío aquel, como hasta hoy.

¿Y cómo Utredh aparece en Arkansas?

- Larga historia. Se la contaré de sobremesa. Vamos a cenar en casa ¿Pedimos pizza?

- Con ensalada.

1989, en Calistoga, California; la pequeña ciudad del valle del río Napa, centro y símbolo vinícola de California. Un rótulo anunciaba la renta de una propiedad apta para restaurante que a un miembro inquieto de nuestra iglesia en San Francisco le gustó para trasladarse allí y establecer una nueva misión del ministerio, para predicar y hacer la obra de Dios. El misionero y su familia se trasladaron y comenzaron. Un año más tarde, llegan a Calistoga unos señores e invitan al misionero y su esposa a una cena en el mejor restaurante.

Muy intrigados, los invitados no decían palabra, pero obviamente, los visitantes tenían algo que decir. Poco a poco el tema fue saliendo.

- Cuando rentaron la propiedad, ¿Vivían en Calistoga?

- No. Venimos de San Francisco.

- ¿Y cómo llegan a la decisión de venir?

- Somos parte de un ministerio cristiano que tiene como objetivos predicar el evangelio a todo el mundo y discipular a los que se convierten. El Consejo de Ancianos, del cual yo formaba parte, sabemos que cuando hay una buena posibilidad de establecer un nuevo frente, hay que hacerlo y por eso estamos aquí.

- ¿Existe la probabilidad de que cerraran esto algún día y vayan a otra ciudad o país?

- No. Mi familia podría ser requerida en otra parte, pero los fieles de Calistoga son ahora nuestra familia espiritual y la familia no se abandona. Si nosotros no estuviéramos, y no hubiere todavía un liderazgo local sustituto, el ministerio enviaría reemplazo con toda seguridad.

- Muy bien.

- Nosotros tres, que les invitamos, somos hermanos de una familia de Arkansas y propietarios del local que rentan. Estamos satisfechos con su responsabilidad con el pago de la renta y el cuidado de las instalaciones. Nuestro padre falleció hace unos meses y nuestra madre nos pidió que ejecutáramos su última voluntad con esta propiedad: Donarla a una institución cristiana que nunca la venda o la dedique a otro fin que no sea el Reino de Dios. Obviamente, somos hermanos en Cristo. Así que no hay nada más que hablar. Se harán las gestiones para la donación y quedará en su posesión ¿Pueden viajar a Arkansas para las firmas y registros? Allí despacha nuestro abogado.

- Si, podríamos, pero no nos corresponde. En Guatemala tenemos la oficina para asuntos internacionales, propiedades y esas cosas. Les notificaremos su generosa ofrenda y ellos se encargarán del resto.

- De acuerdo. Nos despedimos muy satisfechos todos con oración y gratitud.

==

En Guatemala el revuelo entre los que supieron fue grande. No todos los días se reciben como ofrenda cientos de miles de dólares. Y allí aparezco yo en el negocio. Para entonces ya los hermanos sabían de mi experiencia en la vida corporativa y me incluyeron en la comisión para formalizar la transacción en Arkansas.

Al llegar ¡Menuda sorpresa! La familia donadora y yo nos conocíamos bien y habíamos tenido negocios cuando yo trabajaba desde Londres en los seguros.

- ¡Hombre! Uthred ¿Tú por acá?

- Soy siervo en este ministerio y acá vengo.

- ¡Que alegría verte! Nuestra madre te menciona con frecuencia; ojalá que puedas pasar a saludarla.

- Por supuesto que lo haré.

Al día siguiente se hizo el traspaso de la propiedad de Calistoga y por ruegos de la familia, me quedé unos días con ellos y mis compañeros volvieron a Guatemala.

El sábado calendaricé la visita de la tarde con doña Vicky, la señora. Pero al llegar estaban todos los hijos, hijas y cónyuges, formalmente vestidos. Me llamó la atención el detalle, pero aún faltaba más: Invitación a cenar a las 6:00 pm. Me habían advertido el traje formal. Me estaba intrigando aquello. No lo pude imaginar.

Un banquete espectacular. Extrañamente, comida española. Mucho marisco, deliciosas salsas, jamones, quesos, y vinos exquisitos. Mientras disfrutaba de todo aquello, me preguntaba: ¿Será algún cumpleaños?

Pero no; resultó una entera sorpresa:

El hijo mayor, quien presidía la mesa sacó extrajo de su saco un finísimo bolígrafo y alzando la copa vacía, llamó nuestra atención como con campanilla y comenzó:

Apreciado Amigo Utrhed, cuando se cruzaron nuestros caminos en Calistoga, supimos que era un plan de Dios mismo. Voy a relatar una historia que comienza con el Siglo XVIII:

A 200 años del descubrimiento de América, en Europa había turbulencia social e inestabilidad por los estertores de la pasada edad media y las tensiones del nuevo orden, sin desaparecer completamente el gobierno feudal, los terratenientes veían amenazado su entorno, previamente indiscutible.

Nosotros descendemos de una opulenta familia de Burgos, España, y nuestros ancestros, tres familias, vendieron todo y viajaron a los Estados Unidos para siempre. Embarcaron con una muestra de nostalgia y apego a España: Un gran lote de azulejos azules de Salamanca, iguales a los que lucía la casa paterna en Burgos. Al llegar, se cambiaron el apellido por el que conoces: Burgess; más a lo inglés. Fundaron una empresa que creció y proliferó como un emporio comercial con intereses en transporte marítimo, aduanas, importación y exportación a todo el mundo, la vinatería de Calistoga y muchas otras empresas en todo el país, con representantes en todo el continente americano, Europa, África y Australia. No tenemos presencia significativa en Asia.

Llegando la segunda mitad del Siglo XX, la cosmovisión cambió y las nuevas generaciones dejamos el sentir de clan al salir de la casa paterna a estudiar y formarnos diferente.

Al fallecer el patriarca de la generación, nos damos cuenta que ninguno tiene apego a la casona de lozas azules, pero sí que tiene un alto contenido emocional los recuerdos de una era que ya no vuelve.

Hemos conversado con todos los familiares y estamos de acuerdo en ofrendar toda la finca a una institución como Yo Soy, para que se preserve el legado de la familia Burgess, mientras se va desvaneciendo el recuerdo y, quizás nuestros nietos ya no sientan nada al ver el techo de lozas de Salamanca.

Nuestra madre pasará a vivir con nosotros, en la casa que quiera, por el tiempo que quiera; para disfrutar la relación con sus hijos y nietos.

El silencio reinó como el eco de un trueno distante... hasta que logré decir:

- ¡Que hermosa historia!

- Obviamente, me supera. Seré un embajador de Ustedes ante el Consejo de Ancianos en Yo Soy, y mejor no digo nada más, hasta que se tome la resolución.

Y fue así como el Ministerio Yo Soy, sin proponérselo, obtuvo la propiedad principal para proyectarse al mundo y se comenzó un traslado de personal, dirigido por Joaquín, el Director desde el principio.

Alargada la velada casi hasta le media noche, el anfitrión dijo que podíamos desayunar juntos al día siguiente y continuar la charla. Quedamos en hacerlo.

Como resumen del día, me retire tarde del apartamento de Uthred y mareado. No fue el vino; fue la magnitud de información y lo extraordinario de las aventuras de Uthred.

El desayuno guatemalteco fue completo: huevos fritos, avena hervida con canela, comida en leche y banana en trocitos, tajadas gruesas de plátano dorado en aceite, deliciosa pasta de frijoles negros fritos con crema y tortillas de maíz muy gruesas hechas a mano (único ingrediente de la cocina principal; el resto lo procesó Uthred) y, obviamente pan tipo italiano y dulce... ah, y casi olvido: queso fresco, como una versión de mozarella. Todo delicioso y largamente disfrutado, llegando casi a las 8:00 am sin entrar en materia.

Finalmente, Uthred tomó la palabra: Bueno, es hora de proceder al tema de hoy. Mark piensa que la historia que le contaré le ilustrará acerca de una realidad de nuestra institución, así que veamos si la encuentra:

Febrero de 2012. La mayoría de nuestros oficiales directivos (Ancianos) vivimos acá en Arkansas, pero una porción importante queda en Guatemala, como el país donde se ubica el grupo más numeroso de congregaciones locales y en Suramérica, donde tenemos presencia en 13 países, se encuentran otros 5 o 6.

Las reuniones anuales se efectúan acá pero hay otras donde es más eficiente viajar uno o dos y reunirse allá. Pues bien, durante un viaje de esos en Guatemala, al caer la tarde rumbo al occidente, un árbol tirado en la carretera me hizo frenar y virar violentamente, al tiempo que disparos impactaron el auto y unos seis enmascarados, fuertemente armados salieron de los matorrales cercanos y con gritos y amenazas me prendieron, tirándome al piso de un vehículo en el que partimos. En medio de la conmoción, mal acomodado en el piso del suburban y literalmente con una bota lodosa en el cuello, solo advertí rumbo norte, fuera de la carretera asfaltada porque el carro aquel saltaba como una cabra epiléptica.

Yo no dije palabra en todo el tiempo. Ellos, muy poco. Un par de horas más tarde, paramos y me bajaron a empujones. Descendimos una profunda barranca y al fondo había una especie de cabaña con techo de paja y allí entramos. Nunca me ataron, pero era obvio que no había cómo escapar. Había comida y café, lo cual agradecí en silencio y recuperé bastante de mi compostura.

De madrugada llegó un fulano con diferente atuendo, también enmascarado.

- Alcáncenme el celular.
- Aquí está.

- ¿Cuál es la contraseña? Me dijo.
- Quiero hablar con el jefe.
- Yo soy el jefe y vos no pintás nada aquí ¡La contraseña!
- Está bien. Son siete números. 3, 9, 1, 7, 6, 8, 2

El hombre marcó la secuencia, pero el celular de una vez inició una llamada y una voz muy profesional, con acento extranjero, en la bocina se escuchó:

"Se ha activado el aviso de que uno de nuestros afiliados ha sido secuestrado. Le hablo de la oficina de comando de la aseguradora internacional. Ponga atención hasta el final del mensaje. Este mismo mensaje lo podrá oír dos veces más y luego el teléfono dejará de funcionar por completo.

La persona que han secuestrado tiene un seguro con nosotros y no pagaremos ningún rescate. Con las coordenadas de esta llamada ya nos estamos desplazando al país donde se encuentran y usaremos los medios necesarios para encontrarlos y arrebatarles a nuestro cliente.

Si nuestro cliente sufre daño físico, le pagaremos una indemnización por sufrimiento y Ustedes llevarán las consecuencias. Si nuestro cliente muriere en el evento, daremos el doble a su familia y Ustedes y sus familias serán exterminados.

Un comando sale hoy hacia Centroamérica y comienza la operación. Tiene 24 horas para conducir a nuestro cliente, sano y salvo, a un teléfono desde donde se pueda reportar a la oficina y después 72 horas para presentarse y confirmar físicamente su bienestar para que podamos suspender la operación. No hay necesidad de negociación alguna"

El celular cerró la llamada y el hombre quedó mudo. Exclamó al fin una maldición y echó a andar diciendo "Esperen instrucciones" Un silencio reinó en la choza y, aunque un poco apaleado, pude encontrar sitio para dormir. Mis captores como que no descansaron muy bien.

La mañana siguiente fue interesante. De rato en rato se oía que pasaban avionetas o helicópteros, probablemente de fumigación u otro fin, pero los enmascarados salían a mirar nerviosamente, cuidando de estar bajo los árboles cercanos.

Mientras tanto, llegaron llamadas misteriosas en las oficinas de Yo Soy de Guatemala y hasta Arkansas, donde preguntaban por mi persona y mis hermanos les decían "que estaba de viaje..."

Obviamente, me llamaron... y obviamente no contesté mi celular. Entonces se reunieron en llamada múltiple ambos grupos.

-Parece un caso de secuestro, pero no hay petición de rescate.

-Su celular luce desconectado.

-No llegó a la ciudad donde le esperábamos.

-Ni avisó de nada.

Como conclusión, los Ancianos se propusieron un procedimiento a las llamadas:

1. No dar ninguna información o comentario a quien llamaba. "No está disponible en este momento"
2. "No puedo confirmar que esté de viaje"
3. "No se cuando regrese..." y así.

Los pensamientos guía fueron que, si los posibles secuestradores habían investigado, ya sabían que Uthred no tenía mucho dinero en banco guatemalteco. Estimar que pudieran averiguar en Europa estaba fuera de consideración.

Sabían de su amplia experiencia como ejecutivo en Europa, y que se desempeñaba en el campo de seguros, pero nunca se había mencionado que tuviera uno.

Hablaron con Camila, quien no había recibido llamada alguna, para que estuviera atenta al mismo protocolo y tratando de que no entrara en pánico puesto que no había suficiente evidencia de algún problema mayor.

Como a las 2:00 pm un enmascarado recibió una llamada y al colgar llamó a otro de la cabaña y le dijo: Vení conmigo; llevemos a éste. Y luego se dirigió a mí: Dicen que le lleve. Vamos.

Yo no dije palabra, pero pensé "eh, hasta me trata con respeto" y es que, efectivamente, decir "usted" a una persona es señal de estimación a respeto en Guatemala.

Mis dos captores no dijeron nada durante os 45 minutos que condujeron hasta un camino de tierra, donde me abandonaron señalando hacia un poblado todavía no visible, al cual llegué caminando una media hora, y habiendo conseguido un teléfono público en el mercado local, avisé a los ancianos de Guatemala que estaba en Momostenango para que me fueran a recoger y llevar a Quetzaltenango, la ciudad más cercana con oficinas e iglesia, finalizando la aventura en su parte más peligrosa.

El objetivo original del dichoso viaje ni siquiera fue mencionado en las largas tertulias de dos días en Quetzaltenango y otros dos en Guatemala, antes de volver a USA y contar otra vez todo el asunto a los hermanos.

¿Y cómo fue que tenías ese mensaje en el celular?

Cuando trabajaba entre aseguradores una vez se conversó, sin confirmar, de un comando israelita que hacía eso. No dijeron cuanto se pagaba, pero si rescataban al cliente, el seguro les pagaba $ 500,000.00 y si, el exterminio de la banda era parte de la póliza en caso de muerte del secuestrado. Y a mí se me ocurrió todo el teatro, sin contratar o buscar el famoso comando. El show salió muy bueno; no me golpearon mucho -solo durante las primeras horas, antes de la llamada- y la caminata con hambre, ay que no almorzamos en la cabaña. Por cierto, ¡Que bien comí en Momostenango! ¡Qué tortillas! ¡Que salsa! ¡Que carne asada! ¡Que hambre la que me cargaba!

Al final, solo perdí mi equipaje; no me devolvieron mi celular, y el carro rentado lo tramitará la oficina de Guatemala. Muchas risas en la narración una y otra vez. La única en llorar fue Camila; de emoción, alivio y gratitud al Señor por todo lo que no pasó, y que pudo haber pasado. Así son ellas.

Entonces, joven Eddy, ¿Cuál será el asunto que Usted debía encontrar?

-¿Será que Dios les cuida sobrenaturalmente?

-No. Él nos ama a todos por igual y no discrimina.

-Entonces... ¿Qué Ustedes son muy sabios?

-Tampoco. Somos gente promedio.

-¡Ya sé! ¡Que se conocen bien!

-¡Eso sí! Se llama confianza y elimina muchas posibles causas de una ausencia. Por tener confianza en alguien no hay que especular acerca de vicio, adulterio, crimen, u otra actividad por la cual haya que esconderse. Andamos en la luz de la verdad y la integridad.

-Ciertamente. Eso es.

-Y, ¿Cómo alcanzaron esa cualidad?

-Le cuento después de almorzar. Y Fuimos. Al volver Uthred tenía una expresión traviesa; una risita indefinible. Y me dijo el secreto del discipulado y alcanzar ese grado de confianza se llama "Relación" Si consideramos que Jesús convivió 12 horas diarias con los discípulos, por tres y medio años, según estimaciones de estudiosos, entonces resulta en que vertió su vida en 15330 horas/hombre. Eso es relación y es insustituible.

CAPÍTULO CINCO
DE LA ADMINISTRACIÓN

Próximo día de trabajo. La caminata de los dormitorios al salón y luego a la oficina de Mark ya se sintió el frío de otoño y los colores más acentuados en los bosques y campos. Fue reconfortante, y más, si consideraba que mi trabajo iba bien. Tenía muchas horas de grabaciones y apuntes; material para investigar y referencias para comprobar ¿Sería suficiente para impactar a una sociedad indiferente a grupos como Yo Soy? ¿Quedaría mi aventura en el cajón del archivo irrelevante de las estanterías, sección "algún día puede servir..."?

El saludo optimista de Mark me sacudió las inquietudes, junto con el aroma del café aromático y fuerte.

- ¿Cómo fue la entrevista con Uthred?
- Emocionante. ¡Que aventuras y casualidades en su vida! ¡Y los resultados sorprendentes!
- Bueno, acá no creemos en casualidades. La Biblia dice que "Dios tiene planes de bien y no de mal para nosotros..."
- Pero también el apóstol Pedro dijo: Ver para creer.
- ¡Ja, ja, ja! ¡Me está haciendo la competencia! (no quise avergonzarlo con que fue Tomás)
- Eddy, quisiera hacerle una invitación a que me acompañe a Guatemala por una semana. Hay una reunión de directivos para tratar asuntos de administración en Yo Soy, pero como vamos de varios países, podrá conocer y entrevistarlos para conocer directamente su experiencia de vida en Yo Soy.
- ¡Wow! En la universidad me enseñaron que un periodista siempre tiene su pasaporte en el bolsillo, pero hasta ahora me toca vivirlo ¡Gracias! Vamos a Guatemala.

17 millones de habitantes. 28000 kilómetros cuadrados (unas 17500 millas cuadradas) Un idioma oficial, español. 28 lenguajes indígenas. Variedad de climas; desde el caliente y seco desierto del sur oriente, hasta el fresquísimo occidente. Visiblemente se puede ver "partido" en dos, como el cuerpo de una hormiga. Al sur, 21 departamentos. Al norte, uno solo: Petén. De un vistazo, por los mil colores de la cultura, lo que se manifiesta es un mosaico alegría y belleza, difícilmente igualado por su variedad. Llegamos de noche y después de cenar en la casa de una familia que nos hospedó todo el tiempo, y con la presencia de otros pocos directivos en una especie de banquete de bienvenida, y descansar gratamente, comenzó la actividad en un cómodo ambiente de las oficinas de Yo Soy en la ciudad. Algo notable es la amabilidad guatemalteca, obviamente se nota en las conferencias, pero también en la calle, en el mercado, en las tiendas... y mucho "ito" diminutivo insertado en el lenguaje para todo, como parte de esa amabilidad y gentileza: ¿Desea un cafecito? ¿Otro pedacito de postre? ¡Juanito! Alcánzale a don Eddy un vasito con agua. En la España de la colonización, el vocablo Don antes del nombre significaba "de origen noble" y aunque el vocablo como título ya no exista, todavía da muestra de respeto social y el guatemalteco lo usa extensamente.

Mis ojos estaban deslumbrados con esa brillante cultura, pero hay que trabajar. Del desayuno en las instalaciones, me quedé a los reportes de situación de los delegados:

Un ejercicio llamado FODA.

FORTALEZAS.
OPORTUNIDADES.
DEBILIDADES.
AMENAZAS.

Y todo esto bien discutido, con búsqueda de sabiduría individual y colectiva, en un concepto nuevo que preguntaré a Mark al volver a USA: Operar en Consejo.

Para almorzar, me llevaron a un restaurante típico muy elegante, y mi acompañante era un cacique indígena de nombre muy peculiar: Juárez Domingo Gaspar. Un apellido por nombre y dos nombres por apellido. Tomé nota del detalle para preguntar a Mark.

Juárez es un hombre sencillo, de hablar pausado y suaves modales. Padre de cinco hijos, dirige una comunidad cristiana de unos 8000 miembros de la etnia Itxuil del noroeste del país. Una lengua indígena, una cultura, muchas costumbres ancestrales y los restos de la colonización española que trató de adoctrinar a los esclavos con dogmas y en latín, a falta del genuino evangelio.

Allí, en el mismo restaurante, toma la palabra y comienza su historia: Dice don Maco que Usté desea conocer cómo la iglesia Yo Soy y este servidor se cruzan los caminos para andar juntos. Pues vamos. Ahora bien, hay que retroceder un bastante para ver la mano de Dios guiándonos. El que no la mire, es que está ciego.

1980. Los Cuchumatanes, montañas de la Sierra Madre, partiendo en diagonal el paisaje; en la cumbre, viendo hacia el vecino México, un valle interminable y hacia atrás, el resto del país. Hace 20 años hay guerra de guerrillas; Dicen que los cuatro grupos se integraron en uno que se llama ORPA y ahora son más fuertes. Los combatientes son vecinos de los pueblos y aldeas de nuestra raza que salen del pueblo y cambian sus herramientas de agricultura por armas en buzones que tienen en la selva. Entre sus acciones "militares" ocupan una aldea y cobran un impuesto de guerra en alimentos y animales para los campamentos en la selva profunda. Son violentos y amenazadores, pero lo peor viene después; el ejército, al saber de una ocupación, llega y reprime duramente a la misma aldea por "colaboración con la guerrilla" y puede haber presos, interrogatorios, golpes y más. Muchos de los vecinos del pueblo se vieron forzados a salir a los campos a dormir y allá fui también con mi familia.

El cura de pueblo era carismático (tendencia no tradicional) y nos hablaba de mejorar la vida, casarnos, exigir nuestros derechos a la riqueza, etc. Con lo que la catedral se llenaba los domingos y entre semana había mucha actividad. Yo tenía un lugar en la Cofradía, una directiva de vecinos que acciona en los asuntos de la iglesia como auxiliares del cura. Pues bien, un día el cura se fue. Dicen que lo amenazaron de muerte y ni adiós dijo. La iglesia cerró. La Cofradía se reunió, pero no sabíamos que hacer, ni hicimos nada. A todo esto, yo no sé cuándo, ni como, me había convertido y sabía que Jesucristo era mi Señor y Salvador.

Una noche en el campo, mientras hacía mis oraciones antes de dormir, sentí un escalofrío muy agradable y creí saber, o escuchar, o percibir que Dios me hablaba. No oí ninguna voz. Fue algo muy adentro en mi pecho, en mis entrañas: ***Regresa al pueblo; abre la iglesia; atiende a la gente y Yo te protegeré de todo mal. Duerme en paz y no expliques nada.*** Entonces eso hice. Mis compañeros cófrades dijeron: "pues sí; a cambio de no hacer nada, está bien hacer algo..." y como el cura nos había dado Biblias a varios, pues comencé a enseñar lo mejor que pude y la gente regresó a llenar la iglesia los domingos.

Guatemala, marzo de 1982. ¡Golpe de Estado! ¡Cambio de gobierno! Tres militares gobiernan por decreto y la estructura oficial se produce otro terremoto como el del '76. Y no se sabe cómo, llegó una citación para Juárez Domingo Gaspar. Como vecino distinguido en su comunidad, Usted ha sido nombrado para ser miembro del Nuevo Parlamento. Sírvase presentarse a ocupar su curul en tal y tal fecha... etc. ¡Púchis! ¡Si más me caigo! Pero pasada la impresión, allá fui y me vi entre unos 400 ciudadanos, todo revuelto de culturas y colores. Blancos de clara ascendencia europea, la mayoría capitalinos y algunos finqueros de Alta Verapaz y la costa sur. Otros, mestizos de color café con leche, negritos de Izabal, y varios como yo, indígenas de raza autóctona desde antes de la dominación colonial. Allí conocí al personaje de la historia que interactuó con las iglesias protestantes durante un corto período en el que futuro del país tuvo un venturoso cambio que le ha dado supervivencia: El General Efraín Ríos Montt. Él llegaba a algunas sesiones y nos alentaba a "crear un futuro de justicia y fe para nuestro país" Su inquebrantable entusiasmo era contagioso y esa asamblea disfrutaba de su oratoria. Con nuestras sugerencias y su sabiduría impulsó una reforma de actitud al ejército que eliminó la práctica vigente hasta entonces de traslado de soldados de lejos y ahora los soldados de aquí saben que están peleando por sus familias y sus casas, además de que conocen la cultura porque es la propia, y por ser de la misma etnia, no los van a ver como extraños. Se les dio instrucciones de ayudar, y no reprimir. Organizó las patrullas de vigilancia civil y les dio ligero entrenamiento, armas y alimento para la familia a fin de que pudieran tomar turnos de vigilancia y observación. En 16 meses de su gestión, la Orpa perdió el 95% de su fuerza y ya no se recuperó. Tuvieron que hacer negociaciones y finalmente la guerra acabó.

A finales del '83 regresé al pueblo y seguí mi vida diaria, como quien cierra paréntesis en una carta. Cinco amigos fieles de la cofradía estaban atendiendo la catedral y sostuvieron a la gente en las actividades. Al volver yo, solamente dije: Hola, ya estoy acá.

-Sos bienvenido. Ponénos al día con tus aventuras en la capital.

-Ah, pues, fue así... y asá... y les dije mucho.

Entonces, un día de esos, llegó el obispo de la cabecera departamental con un nuevo cura y lo presentó como la autoridad legítima para la iglesia, lo cual era cierto y correcto. El problema fue que éste nuevo cura no era ni carismático, ni tolerante. El primer domingo que dirigió la misa, antes de comenzar me dijo: Vos, Juárez y los cinco cófrades que usurparon la catedral y dirigieron sin ser consagrados, retírense. No tienen lugar en este santuario, y no vuelvan. Un silencio, pesado como una gruesa frazada mojada, acompañó nuestro triste desfile mientras el resto de la gente nos veía impotente ante la intimidación obvia del nuevo cura. En el atrio de la catedral nos paramos los seis y las familias a deliberar ¿qué hacemos?

-Yo digo que nos reunamos solos. Dios está en todos lados.

-Si, pues. Como hemos venido cuando no había cura.

-Yo pongo mi casa que está aquí mismo, al cruzar la calle y la tengo desocupada porque vivo en el terrenito de la orilla del pueblo, como saben.

- ¿Y cargás la llave?

-Siempre.

-¡Pues vamos!

Y así se inicia lo que ahora es la Iglesia Nuevo Pacto.

Unos por solaridad con los expulsados, otros por simpatía con quienes les habían ministrado en ausencia de cura y quienes se sentían identificados con el evangelio, llenaron rápidamente la casa de Pascual y la inexperta directiva, antes cofradía, se vio forzada a buscar soluciones. Apelamos ante el coronel encargado del regimiento del pueblo y éste nos concedió el salón municipal para nuestra reunión de domingo. En realidad, era un cuartón con techo de láminas de zinc y piso de tablas, pero sin paredes. El crecimiento siguió sin pausa, pero el problema surgió otra vez. Tanto la casa del Pascual, como el salón municipal estaban frente a la plaza principal y el cura sintió "la competencia" y no le gustó. Entonces fue al coronel y nos retiraron el permiso para usar el salón municipal. Así que la directiva se volvió a reunir para buscar solución. Acordamos buscar al expresidente Efraín Ríos Montt en la capital para que nos ayudara. Y allá fuimos en comisión.

Llegando a Guatemala fuimos antes a hablar con el capitán Gutiérrez, quien es miembro de Yo Soy y gentilmente accedió a acompañarnos. Nos presentamos en casa del general y no estaba en la ciudad, ni hubo modo de conseguir una entrevista a corto plazo. El capitán nos llevó a almorzar y allí se puso buena la situación:

- Mire coronel, ¿Qué podemos hacer con el problema de nuestra iglesia en el pueblo? Ya derrumbamos todas las paredes interiores de la casa de Pascual y no cabemos. No podemos hacer más cultos porque toda la mañana es para oír al ejército.
- Entiendo; En primer lugar, el general Ríos Montt ya no tiene autoridad en el ejército porque está en retiro. Pero si hay varias acciones legales que pueden tomar:
    - Consigan una Personalidad Jurídica.
    - Olviden las reuniones masivas hasta que lograran adquirir o construir un salón propio. En el pueblo no existe algo así para rentar.
    - Ministren a la iglesia en los hogares. Desarrollen un sistema de Iglesias Familiares como lo hacemos en Yo Soy, aun cuando nosotros si contamos con salón apropiado, hemos decidido que nuestras reuniones no superen los 500 asistentes en cada actividad.
- Y eso ¿Cómo se hace?
- Se contrata un abogado y él los representa ante el gobierno del país para que tengan Personalidad Jurídica para operar en sus objetivos como grupo social. Podrán hacer contratos, abrir cuentas bancarias, comprar propiedades y toda gestión legal como Iglesia Nuevo Pacto.
- Así lo haremos.
- ¿Y qué más?
- Una red de Iglesias familiares. Hagan una reunión del 20% de los más fieles y comprometidos siervos en la iglesia y enséñenles el pasaje de Éxodo 18:18 al 23 y no los nombres capitanes, sino moderadores, y al padre de familia y esposa, Anfitriones, y puede ser el mismo hermano. Luego mira a los hermanos que viven cerca en el pueblo o que tienen alguna relación cercana con los anfitriones o el moderador y asígnales es Iglesia Familiar para que asistan a una reunión semanal, el mismo día y a la misma hora para su edificación y comunión. También pueden (y deben) invitar amigos y vecinos que no sean cristianos para guiarlos a Cristo. El crecimiento por Iglesia Familiar no tiene límite, ni distancias. También es necesario una reunión semanal con los moderadores para enseñarles el formato de la reunión familiar y el tema de cada semana que deberán ministrar a la Iglesia familiar.

El formato es sencillo:

A las 7:30 pm los anfitriones reciben a la gente en un ambiente informal. Puede haber café, chocolate o alguna merienda ligera.

Alrededor de las 8:00, el moderador toma la palabra y comienza la reunión, con una oración o le pide a alguien que lo haga.

Pueden entonar uno o dos cánticos de alabanza.

El moderador comienza con una pregunta, una escritura bíblica, una anécdota, u otra manera de introducir el tema. Esto se llama "Abrir" y es como hacer un agujero en el suelo para plantar algo.

Luego pregunta algo como así: ¿Qué ideas o pensamientos vienen a su corazón por lo que acabo de leer (decir, expresar...)? Y deja el punto "en el aire" para que intervengan los demás. Eso se llama "Profundizar" y es contribuir con argumentos, explicaciones, preguntas e inquietudes de los presentes. Si el moderador no supiera la respuesta correcta de algo, no debe inventar. Diga con sencillez que no sabe y recurra a los hermanos dirigentes en la reunión de equipamiento.

Después de profundizar, el moderador pregunta: ¿Cómo podemos manifestar lo aprendido hoy a nuestra vida diaria? Esto se llama "Aplicar" y es la esencia de lo que queremos lograr en el grupo familiar.

¿Hay algo más?

- Obviamente siempre habrá más, pero habría que esperar a cumplir el requisito oficial de legalidad.
- Muy bien, gracias capitán.

Reanudando el relato, pues hicimos lo que el capitán nos aconsejó y volvimos a levantar las paredes derribadas en la casa de Pascual, con el fin de tener oficinas y un salón grandecito para las reuniones de los moderadores.

Y mire Usted lo que son las cosas con la bendición de Dios: un día vino a las oficinas una comisión desde una aldea del municipio y pidieron hablar con el Juarez.

- Soy Juarez ¿En qué les puedo servir?
- Venimos de Xenem. Hemos oído de lo que estás haciendo y nos queremos convertir. Vení a predicar a la aldea. Somos como 1500.
- ¿Y todos se quieren convertir?
- Yo creo que todos.

Y así nació la primera misión de Nuevo Pacto, pero más: El fenómeno se repitió varias veces, aunque no ha habido otro 100%, hoy calculo que tenemos unos 8000 fieles de nuestra pura gente. Todos estamos muy contentos y yo soy miembro del Consejo de Yo Soy, trabajando desde mi pueblo y habiendo delegado la conducción de la iglesia local en manos de un hombre más joven y muy capaz, me dedico a labores de supervisión e inspiración de los discípulos para desarrollar su potencial y junto a mi familia vivimos felizmente, sirviendo a Dios y disfrutando del aprecio y compañerismo de mis amigos y consiervos de Yo Soy.

==

La larga y casi increíble historia de Juarez me dejó revolucionado. Eventos dignos de una película de Hollywood. Por momentos una persistente duda: ¿Será cierto todo el relato? ¿Cuánto podría ser fantasía? ¿Le expresara mis inquietudes a Mark?

Al otro día, durante el desayuno, saqué ante Mark al personaje que marcó el antes y después de la guerra de guerrillas, el General Ríos Montt.

- Ayer (primer día de trabajo) varias personas con las que interactué mencionaron el mismo personaje: el General Efraín Ríos Montt. ¿Qué hay con él?
- Es un buen cristiano y siervo de Dios. Ha sido de buena influencia y bendecido a las iglesias desde antes de ser presidente. Está disfrutando del retiro de la vida pública y no tenemos acceso a entrevistarlo por el momento. Pero si conocemos a quien puede aportar la historia verdadera y es alguien del que también oyó ayer seguramente: El Coronel Gutiérrez ¿Quiere hablar con él?

- Por supuesto.
- Entonces así será. Es parte de nuestro Consejo en Guatemala.

Y acá vamos; almuerzo y charla. Notaciones y grabaciones. Mucho material de periodismo. ¡Qué bien!

Ese jueves estuvo ventoso. En el clima de Guatemala, aunque la altura le da un clima templado, y las estaciones no se marcan tan definidamente, puede haber días de andar abrigado por el aire frío, como ese que vivimos. Mejor quedarse en el interior de una habitación, con buen surtido de té o chocolate. Al cabo lo que se necesita es un lugar cómodo para conversar.

- Así que Usted, Coronel, conoce bien al general Ríos Montt.
- Desde que era cadete en la Escuela Politécnica; él era el director. Se ganó nuestro respeto con el discurso de bienvenida, el primer día de estudios para oficial del ejército de Guatemala.
- ***"Jóvenes estudiantes, bienvenidos a la experiencia de transformación de ciudadanos de Guatemala a oficiales del glorioso ejército nacional. Durante este proceso aprenderán las técnicas de estrategia, tácticas defensivas y ofensivas de la milicia, recursos de inteligencia y vigilancia, y muchas otras áreas de operaciones y misiones de toda índole para defender la soberanía nacional de los riesgos internos y externos que amenazan la institucionalidad de nuestra amada patria. Pero si, como director de esta escuela, no lograra forjar de Ustedes una promoción de hombres que vivan el concepto de integridad, que alcancen sus objetivos en la vida con honor y que sean hombres de palabra, sin doblez, habré fracasado en formarles. Serán tratados siempre con respeto, porque así mismo se tratarán entre Ustedes; y cuando sean graduados, esa actitud les acompañará en su desempeño profesional. La puerta de mi despacho estará siempre abierta para cada uno, para aconsejarles como un padre; les comprendo en sus inquietudes porque también tuve su edad; les disciplinaré, según fuere necesario, porque se los buenos resultados de una correcta disciplina. Soy la autoridad aquí para servirles, no para ostentar un título. Quien no vive para servir, no sirve para vivir.***

- Y así vivimos los tres años de internados, y el general nos demostró el cumplimiento de esa declaración.
- ¿Y cómo llega el general a presidente de Guatemala?
- Larga historia, pero aquí va:

1970, Guatemala vive un estado de guerra de guerrillas y un general distinguido por sus resultados militares gana la elección como presidente del país para los próximos cuatro años. A la convocatoria de las elecciones de 1974, el general Efraín Ríos Montt se presenta como candidato y resulta ganador, representando a un partido "de centro izquierda" llamado Democracia Cristiana. Como comentario personal, aclaro que en Guatemala no existe la ideología política. Las alianzas son a conveniencia de las partes y los rótulos se pintan con tinta borrable. Hay izquierdistas que se alían con centristas, y éstos, a su vez, pueden tener acuerdos con derechistas… y así, sucesivamente. En el proceso de conteo de votos, los rumores dicen que Ríos Montt ganó las elecciones, pero la cúpula del ejército (General el presidente saliente y el elegido General Kjell Laugerud) le convencieron de aceptar un cargo diplomático en España y dicen que respondió: "La presidencia de Guatemala no vale la sangre de ningún guatemalteco que deba caer ante las balas de otro guatemalteco. Me voy a España"

1978. Ríos Montt estuvo de vuelta y pasó a retiro del ejército. Viviendo discretamente, su vocación de servir y enseñar lo llevan a director espiritual de una escuela cristiana de la iglesia donde asistía.

1982. Otro fraude electoral y otro general a la presidencia. Por ese tiempo ya se decía de Guatemala que era la mejor democracia, porque las demás, aunque obtuvieran los resultados el mismo día de las elecciones, eran superados en que en Guatemala se sabían ¡***Antes!***

Varios oficiales de rangos menores (capitanes y tenientes) nos indignamos con la dinastía de fraude electoral y decidimos hacer algo al respecto. Sin tomar en cuenta, obviamente, a los comandantes de los 22 cuarteles del país, de acuerdo con ciertos políticos que darían el soporte de transición y un comando que tomaría el palacio nacional, con la seña de la manga izquierda de la camisa "arremangada" el 23 de marzo de 1982, a las 6:00 am rodeamos 2 cuadras alrededor del parque central y dejamos encerrado el cuartel del destacamento de la guardia presidencial y el palacio con tanquetas y fuerte escolta del cuartel general que estaba en el complot.

Vivimos unas horas de tensa calma. El comando de todo aquello se ubicó en una tienda de lona en la plaza pública del parque, directamente frente al palacio de gobierno. Adentro seguramente sonaban como locos los teléfonos desde y hacia los cuarteles militares del interior del país y cada oficina relacionada. Ocupamos pacíficamente la TGW, radio nacional y encadenamos a las emisoras comerciales. "El golpe está en marcha... Mantenga la sintonía para su seguridad... Puede seguir con sus actividades cotidianas, pero absténgase de concurrir al área del palacio nacional..." y música marcial.

10:00 am. El presidente Lucas García nos hace entrar a su despacho a los del comando; unos cinco arremangado entramos.

- Señores oficiales, hechas las consultas del caso, y conociendo las circunstancias objetivamente, veo que no hay recurso ni apelación posible en este punto. Pero si tengo una petición: Unos y otros tenemos en común el amor por la sagrada institución que representamos: el Ejército Nacional y el código de honor que aprendimos en la Escuela Politécnica. Por amor y respeto a ese uniforme, no puedo rendir mis deberes ante oficiales de menor rango. Consíganse un general.

Y allá fuimos, a la tienda de comando en el parque. Despedimos a los políticos y comenzamos a mencionar generales; No tardó mucho en ser mencionado el General Ríos Montt y unánimes dijimos ¡Sí! ¡Él es! Entre la euforia del momento y la trascendencia del caso, no pensamos en el teléfono, sino que emitimos un comunicado radial ¡en cadena nacional!

"General Efraín Ríos Montt, el Comando del golpe de gobierno en marcha requiere su presencia en el parque central de Guatemala. Sírvase presentarse a la mayor brevedad posible"

Martes 23 de marzo de 1982. 11:30 am. El general ríos Montt desciende de un vehículo combi con vidrios oscuros y le contamos todo. Acepta la misión y a la 1:00 pm es el principal de un triunvirato que tomará el poder y gobernará el país en lo sucesivo.

Su discurso de aceptación delante del país ese mismo día nos emocionó al recordarnos los tiempos de la Escuela para oficiales, cuando era el director.

"Conciudadanos, hay se ha gestado un movimiento militar para rescatar la institucionalidad nacional de ciertos sectores que nos han sojuzgado burlando el limpio proceso democrático para elegir a nuestros gobernantes y me han encargado a mí, junto a mis dos compañeros triunviros una etapa de transición hacia el reordenamiento nacional. Hemos aceptado la misión

y la cumpliremos. Recibimos un país en crisis. Económica, social, moral y con desafíos nacionales e internacionales. Un ejército ilegal apoyado por intereses extranjeros y un embargo injusto de los países afines que nos deberían de apoyar. Sin embargo, el glorioso ejército nacional peleará las buenas batallas con lealtad y respeto hacia los rivales, sean internos o internacionales. No habrá ejecuciones extrajudiciales, ni muertos en las orillas de las calles. Todo guerrillero que deponga las armas recibirá una amnistía para reintegrarse a su familia y la sociedad; pero todo guerrillero beligerante, podrá ser muerto legítimanente. Se instaura la pena de muerte para delitos calificados de atrocidad, debidamente condenados por jueces y se perseguirá el crimen de cualquier forma, como es obligación del gobierno. Tienen mi palabra"

Me llevó al palacio con un puesto de Secretario de la Presidencia. Yo serví como el de gobernación y trabajé en el círculo íntimo de la presidencia por todo el tiempo. No había cómo poner prioridad a los asuntos. Prácticamente tomaba el documento de debajo de la pila y veía lo que había que hacer. Todo el personal operamos así. Nos maravillaba observar al general en acción: un vistazo a algo y una dirección sabia y pronta. Un día fue capturado un narcotraficante que había entrado al país sin una visa o pasaporte. Le consultaron por teléfono y dijo "Entréguenlo igual a la embajada americana; seguramente la DEA estará satisfecha" y siguió la actividad que tenía un minuto antes.

Al hacernos cargo del país nos encontramos una población aterrorizada. A las 6:00 pm todos parecían presurosos por llegar a casa, como si hubiera toque de queda. A 25 kilómetros de la capital, rumbo occidente, la guerrilla sustituía al ejército en las carreteras y las ciudades, para hacer desmanes, retenes y ejecuciones. La criminalidad era rampante. Una modalidad era ocupar una casa (de clase media-alta o alta) y atar a los hombres, violar a las mujeres y cargar los autos de la familia con todos los bienes que pudieran, desapareciendo en los vehículos robados también. Casi ni había denuncia por la vergüenza y la desesperanza de la impunidad. Después de la postura firme ante la guerrilla, ésta fue la próxima prioridad que encargó el general. Como los jueces eran amenazados y chantajeados para que no dictaran sentencias condenatorias, El general instauró los "Jueces sin rostro" y aunque las "fuerzas opositoras" criticaban la práctica, el sistema funcionó y el orden fue restablecido.

Trató de hacer acuerdos razonables con los poderes sociales, pero nunca transigió ni regateó con sus convicciones morales o de conciencia. Mal comprendido por la clase política, la prensa (nacional e internacional), llegó la visita programada por el anterior gobierno del Papa Juan Pablo II y coincidió con el climax de la ejecución de unos criminales, para quienes el pontífice pidió clemencia, pero no se le concedió. Ese desaire y el hecho que ya se sabía del cristianismo del general, puso un muro de hielo en las relaciones con la institución católica también. Total: Muchos frentes de controversia.

Como si fuera poco, una programación radial dominical pretendía inducir una educación moral al pueblo, exponiendo el adulterio como un veneno destructor de la felicidad y el progreso de la familia, el vicio como el corruptor de los hombres, aconsejando que buscaran una nueva identidad, basada en valores morales como honestidad y diligencia, amor por su familia, respeto a su cónyuge...

En la guerra, milagro tras milagro. Gente que soñaba los parajes montañosos donde la guerrilla tenía buzones de armas y municiones, y las patrullas de autodefensa que estaban bien instruidas para informar al ejército, que procedía a confiscar los hallazgos. Soldados asignados al cuartel que protegía el pueblo donde vivía su familia. El programa "Fusiles y frijoles" que después fue adoptado por otros países de América Latina, en el cual se armaba, con precario entrenamiento, civiles para vigilar movimientos irregulares en los campos y aldeas vecinas, debidamente remunerados para que lo hicieran sin menoscabo de su economía familiar.

Cerró el congreso de 400 diputados electos y convocó a ciudadanos distinguidos, representativos de todos los estratos de la sociedad, sin limitar o privilegiar a ninguna categoría económica, académica o social. Allí aparece Juárez Domingo Gaspar como representante de su etnia.

Otra cosa genial que nos asombró; más bien, dos:

En la iglesia donde tiene su membresía, tiene una reunión semanal, similar a nuestras Iglesias Familiares, que Usted ya ha escuchado. Pues bien, convocó a un grupo, no al azar, para la noche de los lunes en la casa presidencial y tener ese tiempo de compañerismo y la atmósfera espiritual de la que todos necesitamos. Joaquín fue uno de los invitados, y no sabemos exactamente la razón.

Dije que fueron dos genialidades. Esta es la otra: Durante el convivio de la segunda reunión en la casa presidencial, Efraín, como insistía que llamáramos cuando "no era oficial" la convivencia, se acerca a Joaquín y le dice: "Quien es el niño que ronda en su entorno en casi todas sus comparecencias? ¿su hijo?

- Si. Se llama Mark. Tiene ocho años y estudia en casa, dirigido por su madre. Todo el resto del tiempo no se despega de mí.
- Pues traigalo, si aguanta el desvelo.
- Así lo haré. Muchas gracias. Lo hará feliz.
- ¿Cómo se fijó en Mark? No lo sabemos. Pero el niño se sumó al grupo de adultos y en pocos días asumió su rol de observador. Se Sentía en las nubes; estaba en las grandes ligas. En las reuniones Efraín tocaba la guitarra y le gustaba que Mark estuviera cerca para oír el timbre agudo de su voz.

Poco a poco la decidida estrategia del gobierno fue debilitando al ejército guerrillero y llegaron a perder el 95% de su capacidad ofensiva. Al verse superados en todos los frentes, hicieron lo que hacen esos combatientes: Conversaciones para poner condiciones de "justicia social" con el apoyo de los internacionales, principalmente Francia y Suecia. La gota que derramó el vaso fue que el presidente de Estados Unidos le propuso que albergara y se entrenaran en Guatemala los combatientes de la Contra-revolución que irían a Nicaragua para deponer al izquierdista Frente Sandinista. Efraín se negó a colaborar diciéndole que era mal negocio. Europa respalda a los izquierdistas, USA a los derechistas y nosotros ponemos los muertos. La oferta de levantar el embargo de armas a Guatemala no fue suficiente. En ese punto, los comandantes de los cuarteles hablaron con el general Ríos Montt y al hacer conciencia de la polarización con todos los sectores prominentes del país y de que se había obtenido la victoria y era hora de convocar un gobierno de transición para devolver al país a la democracia; era el tiempo de los políticos. Efraín citó la Biblia: Dios dio y Dios quitó; sea el nombre de Jehová bendito (Job 1:21) y se retiró una vez más. La deuda pública no creció ni un centavo durante su gestión y los estudiosos de la estrategia y la guerra todavía se preguntan ¿Cómo lo hizo? La clase política y la prensa reportaron en su momento que los generales desde el golpe endeudaron al país en diez mil millones de dólares ($ 10,000,000.00) ¡Que desvergüenza!

==

De regreso en Arkansas, Mark me llama a una reunión y lo encuentro serio y concentrado. Su voz sigue amable, pero su gesto es para mí, desconocido. Decidí esperar sin comentario.

- Comencemos hoy haciendo un resumen hasta acá de lo actuado, los personajes que ha conocido. Entonces, ¿Cómo le pareció conocer a Uthred, a Júarez, el coronel Gutiérrez y la Conferencia en Guatemala y su experiencia en general entre nosotros?

- Pues, sea por milagro o casualidad, su contribución ha sido espectacular y muy beneficiosa al ministerio.
- Y pensar que vino a Yo Soy en estado de "Vacío Existencial" ¿Lo recuerda?
- Si. Como el protagonista del poema "Reir Llorando"
- Sólo que no se sabe si le cambiaron la receta.
- Y a nuestro Uthred ni la muerte de su amada lo desestabilizó. ¿Cómo lo hacen en Yo Soy?
- Tiene varias facetas; como un diamante. Ninguna más importante que las otras. En cualquier momento las irá descubriendo, y dirá: ¡Allí hay una! O quizá yo le diga: ¡Véala! Pero mientras se van asomando, ¿Qué tenemos para hoy?
- La pregunta del día, o de los próximos días es ¿Cómo administran una operación millonaria, las complejidades de las relaciones de tanta gente, la producción agrícola, cuentas, pagos, impuestos, inversiones, oficinas en otros países y más?

Por favor, amigo Eddy, bríndeme toda su atención. Si me hubiera hecho esta pregunta antes, le hubiera dicho que la pospusiera. El motivo de aceptar su oferta originalmente es difundir al norte y al sur; al oriente y al poniente los asuntos que conciernen a esa pregunta.

Vea; los hechos extraordinarios que ha conocido hasta hoy de nosotros, no se pueden replicar; ni promover; ni buscar. Son otorgados por Dios en su voluntad soberana. No se puede encontrar a Uthred, o aconsejar a un Juarez, o relacionarse con un presidente cristiano.

Pero lo que sí se puede es imitar el caminar de un grupo de creyentes que han ido atesorando sabiduría y experiencia para compartir con quienes tengan la sed y el hambre, no de pan, sino de la Palabra de Dios.

Por este capítulo se escribe este libro. Quiero pedirle que se tome dos días y reflexione en lo que ha vivido entre nosotros hasta hoy. Descanse; relájese; piense; luego regrese y pregunte. No se guarde nada; interrumpa cuando sea necesario y acumule toda la información que consiga. Ponga todo su arte y destreza para crear una exposición que el que la lea y conozca pueda elaborar una réplica, no en forma o nombre, sino en contenido y esencia.

¿Me haría ese favor?

- Por supuesto; haré como ha dicho.

Y así fue que esta obra tiene dos partes, la segunda de un capítulo uno.

SEGUNDA PARTE
CAPÍTULO ÚNICO
EL FUNCIONAMIENTO

¿Cuánto tiempo he estado acá? ¿Seis o siete semanas? El viaje a Guatemala fue una. Llamo a San Luis de vez en cuando, no vaya a ser que piensen que algo me pasó. El otoño se acentuó y el clima ya es frío, aunque en Arkansas, y en este condado no cae nieve. La decoración de la oficina de Mark es la misma, pero como tiene amplios ventanales, el paisaje cambia. En general, la naturaleza a la vista supera cualquier decoración artística. Eso lo estoy aprendiendo a vivir. La convivencia con el grupo es placentera; todos son amables, serviciales, alegres... Cada quien hace su labor, pero si algún papel está en el suelo, no llaman a un limpiador; el que lo vio, lo recoge, incluyendo a Mark. Entonces yo también. Y nadie dijo nada. Soy parte del grupo. Una extraña sensación de pertenencia me sobrecogió. Y un fugaz pensamiento pasó por mi cabeza...

Sacudí mi escasa cabellera y respirando profundo, comencé:

- Aquí vamos al último capítulo. Ya casi termina la aventura.
- Ni sueñe. Puede ser más extensa. En esta etapa, yo participaré más. Le dictaré muchas veces de la Biblia. ¿por casualidad tiene una?
- No. Me da pena no ser lector entre Ustedes. Solo me recuerdo vagamente de Goliath, el gigante que la maestra enseñaba frecuentemente en la iglesia de San Luis y mamá nos llevaba los domingos.

Le proveeremos una. Lea en su tiempo libre o antes de dormir una media hora de lo apuntado en el día. Dios puede hablarle a través de una lectura, y le puede sorprender gratamente. No se ofenda por esto, ni es que trate yo de hacer discriminación incorrecta, pero... hay pensamientos y razonamientos Bíblicos que un científico o académico no puede entender, mientras un campesino que sea cristiano los ve tan claramente. “Pero el **hombre natural** no percibe las cosas que son del Espíritu de Dios, porque para él son **locura**, y no las puede entender, porque se han de discernir espiritualmente” 1 Corintios 2:14

¿Y quien es el hombre natural? Aquel que no ha nacido de nuevo. Este vino a Jesús de noche, y le dijo: Rabí, sabemos que has venido de Dios como maestro; porque nadie puede hacer estas señales que tú haces, si no está Dios con él. Respondió Jesús y le dijo: De cierto, de cierto te digo, que el que no naciere de nuevo, no puede ver el reino de Dios. Nicodemo le dijo: ¿Cómo puede un hombre nacer siendo viejo? ¿Puede acaso entrar por segunda vez en el vientre de su madre, y nacer?

Respondió Jesús: De cierto, de cierto te digo, que el que no naciere de agua y del Espíritu, no puede entrar en el reino de Dios. Lo que es nacido de la carne, carne es; y lo que es nacido del Espíritu, espíritu es. No te maravilles de que te dije: Os es necesario nacer de nuevo. (Evangelio de Juan, 3:2-7)

- Gracias, leeré.
- Y si nos descuidamos, no avanzamos; así de emocionante es la Biblia.
- Tienes razón. Voy al tema:
- ¿Cómo se administra una organización tan grande?
- Más sencillamente de lo que te puedas imaginar. ¿Recuerdas haber oído el nombre de Loon en los relatos previos?
- Si, el hombre de California.
- Exacto. Joaquín te sonará más.
- Por supuesto.

- Ellos dos, y otros menos evidentes, han tenido una distinción Bíblica de oficio como Peritos Arquitectos (1 Cor 3:10,11) y son más que fundadores. Ponen la estructura (cimiento, vigas y columnas de una edificación) y en la Biblia le llaman apóstol. Son personas con visión y futuro, pero también de ordenamiento cotidiano. Con los rudimentos que aprendió en California, Joaquín tenía los planos "en su cabeza" para el establecimiento y desarrollo de todo esto. Por supuesto, eso no es literal, pero frecuentemente llegaba al Consejo Directivo con ideas e iniciativas que parecían casuales, pero tenían siempre gran impacto en la vida del ministerio Yo Soy. Por ejemplo, un día dijo "hermanos, un movimiento debe tener su propia voz musical. Vamos a buscar la nuestra" y como respuesta, hemos producido los 10 volúmenes de alabanza y adoración que cambiaron, incluso a las demás congregaciones protestantes internacionalmente.

Entonces, para irnos definiendo en el trabajo, podemos decir que somos un grupo empírico (que aprende de la experiencia) y creemos que la Biblia es la Palabra de Dios, para poner por obra todo lo que dice que hay que hacer, y evitar todo lo que dice que no hay que hacer.

A veces fluimos con las tradiciones y prácticas de las iglesias protestantes de la ciudad, y en otras nos quedamos al margen, por considerar que no contribuyen a nuestros objetivos espirituales o la misión que hemos abrazado.

La definición "Protestante" se refiere a la Reforma de Lutero en el Siglo XVI y que provocó la primera separación oficial con la iglesia católica de Roma y su férrea autoridad sobre reinos y continentes. En ese momento de la historia, las Grandes Verdades del Cristianismo se habían perdido. Solo había la interpretación católica y el mundo sabía que "había un Dios" una Biblia en latín, la cual para ser leída, se debía estudiar en un seminario o universidad teológica católica su interpretación. Lutero retó eso en un documento de 95 tesis que clavó en la puerta de la iglesia llamado Protesto. Le llevaron a juicio y no fue condenado. Entonces dio origen a la Iglesia Luterana como la alternativa Protestante. Después se sumaron, con giros de interpretación, Swiglio y Calvino, con sendas perspectivas... y lo demás es historia. En algún momento aparece el término "Evangélico" y desde entonces los matices de interpretación dan lugar a agrupaciones por similitud de interpretación, por orden de gobierno o alguna otra razón aglutinante. Por la sencillez del pensar de Joaquín, entre nosotros se dio: ¿Qué dice la Biblia?

Y se congregaron allí todo un año con la iglesia, y enseñaron a mucha gente; y a los discípulos se les llamó cristianos por primera vez en Antioquía. Hechos 11:26

Pues, no se hable más. Somos una iglesia cristiana.

Volvemos al tema. Nuestra manera de relacionarnos internamente es como una gran familia cuyo padre es el Padre Celestial y habemos hermanos mayores y menores. Los mayores cuidan por los menores y todos convivimos como hijos.

¿Recuerdas haberte mencionado un diamante? Tiene un plano grande si lo vemos desde arriba. Es como un llano en un cerro. La parte plana más grande. Eso lo vamos a comparar con lo toral de esta larga explicación. No es necesariamente lo primero que se enseña a los recién convertidos, pero en cuanto pueden digerirlo, pasa a ser lo principal: Propósito y Visión.

Desde la primaria sabemos que el eje del planeta tierra que habitamos se llama Polar. ¿Porqué? Porque si proyectáramos una línea desde el polo sur y la lleváramos más allá de la tierra, al final la línea llegaría a cierta estrella: Polar. La posición de esa estrella da sentido de dirección y ubicación a cualquier punto geográfico en el hemisferio norte (e igual sucede en el sur, con una punta especifica de la constelación Cruz del Sur)

Para la correcta ubicación en rumbo y posición, aprendimos desde el principio ***El Propósito de Dios.***

Aquello que Dios tenía "en mente" al crearnos:

Ahora, así dice Jehová, Creador tuyo, oh Jacob, y Formador tuyo, oh Israel: No temas, porque yo te redimí; te puse nombre, mío eres tú. Cuando pases por las aguas, yo estaré contigo; y si por los ríos, no te anegarán. Cuando pases por el fuego, no te quemarás, ni la llama arderá en ti. Porque yo Jehová, Dios tuyo, el Santo de Israel, soy tu Salvador; a Egipto he dado por tu rescate, a Etiopía y a Seba por ti. Porque a mis ojos fuiste de gran estima, fuiste honorable, y yo te amé; daré, pues, hombres por ti, y naciones por tu vida. No *temas, porque* yo estoy contigo; del oriente traeré tu generación, y del occidente te recogeré. Diré al norte: Da acá; y al sur: No detengas; trae de lejos mis hijos, y mis hijas de los confines de la tierra, ***todos los llamados de mi nombre; para gloria mía los he creado, los formé y los hice.*** Isaías 43:1-7

PROPÓSITO, VISIÓN DEL MINISTERIO YO SOY

Los propósitos pueden ser tan variados para cada persona, como el ser feliz, alcanzar la fama, poseer la riqueza, ser parte de una buena familia, u otros. Sin embargo, solo un propósito tiene consecuencias que trascienden nuestra vida en este mundo: **Es el propósito que Dios tiene para cada uno.**

Ese propósito va a clarificar y definir la visión. Todos los seres humanos tienen una visión para vivir, la cual orienta sus actividades cotidianas, es decir, su misión.

¿Cuál es el propósito?
Propósito viene de las palabras pro (delante) y pono (colocar) Propósito es: "lo que una persona pone delante de sí misma, como un objetivo a ser alcanzada a realizarlo" (Diccionario Webster, 1828).

Dios nos creó para que tuviésemos una relación de amor incondicional con Él por toda la eternidad.

NUESTRO PROPÓSITO

Podríamos resumir la visión y misión del Ministerio Yo Soy de la siguiente manera:

"Vivir y accionar en la tierra de tal manera que Dios sea glorificado"

Mateo 22:37 al 40 nos dice:

Jesús le dijo: Amarás al Señor tu Dios con todo tu corazón, y con toda tu alma, y con toda tu mente. Este es el primero y grande mandamiento. Y el segundo es semejante: Amarás a tu prójimo como a ti mismo. De estos dos mandamientos depende toda la ley y los profetas.

Otras referencias bíblicas: Apocalipsis 4:8-11; Romanos 11:36; Isaías 43:7, 21; Efesios 1:11-12.

¿Cuál es la visión?

Tener un propósito es esencial en la vida. Como hemos visto, el propósito del Ministerio Yo Soy es: Amar y glorificar a Dios en todo. Sin este propósito, caminaríamos sin rumbo, buscando llenar nuestras vidas con diferentes actividades, llevados por caprichos, gustos, emociones, activismo o moda.

Cuando entendemos el verdadero propósito de la vida, tal y como Dios nos enseña en Su Palabra, dejamos de enfocarnos en nuestros propios propósitos y nos enfocamos en lo que Dios ya preparó para nuestras vidas.

Proyectamos este propósito por medio de nuestra visión, la cual nos permite visualizar lo que específicamente queremos hacer.

Jesús dijo: Vosotros sois la luz del mundo; una ciudad asentada sobre un monte no se puede esconder. Ni se enciende una luz y se pone debajo de un almud, sino sobre el candelero, y alumbra a todos los que están en casa. ***Así alumbre vuestra luz delante de los hombres, para que vean vuestras buenas obras, y glorifiquen a vuestro Padre que está en los cielos. Mateo 5:14-16***

¡Así que Dios es glorificado cuando nosotros hacemos buenas obras!

Ahora bien, hay para hacer innumerable variedad de buenas obras en la humanidad; y si tratamos de ejecutar muchas, seguramente no tendremos efecto en ninguna. Por eso, desde el inicio, nos dedicamos a la recomendación de Loon, allá en California:

- Prediquen el Evangelio del Reino a toda persona.
- Hagan discípulos de los convertidos.
- Busquen siempre la unidad, entre ustedes y las congregaciones afines (protestantes)
- No olviden al pobre y necesitado para socorrerles.

Así que, básicamente, es lo que hacemos. Anunciar el mensaje de perdón de pecados, vida nueva y eterna en Cristo a toda criatura. (Mateo 28:19-20).
A quienes se convierten (y los que se acercan con interés) los guiamos a una Iglesia Familiar, donde puede ser equipado después e integrarse como discípulo.

El discipulado es una consecuencia de la evangelización. Consideramos la tarea de alcanzar a todas aquellas personas que no conocen a Cristo como un deber fundamental. Para esta tarea partimos de la relación. Es más efectivo predicar las Buenas Nuevas cuando tenemos con las personas una relación de amistad y servicio.

Debemos esforzarnos por llegar con el mensaje al lugar y la cultura de los que queremos alcanzar. Pero la evangelización no es completa, si no se continua con el proceso de discipulado.

El discipulado es el proceso de ayudar a un creyente a reproducir el carácter de Cristo en su vida.
Nuestra tarea es la de un maestro, un tutor, un padre espiritual. Estamos llamados a participar del carácter de Jesús en nuestras vidas y en la de los otros. Esto nos lleva a que todos, como cristianos y miembros de Yo Soy, cumplamos las prioridades que la Biblia ya estableció.
Madurez es el resultado de un buen discipulado y la práctica de la Palabra de Dios. El vivir la vida cristiana verdadera nos conduce a la madurez.

La madurez implica un cambio radical de nuestra manera de pensar, sustituyendo la vieja información por lo que nos dice la Palabra de Dios. Al ponerla en práctica cambiará nuestra conducta, orientándola al propósito que Dios ha establecido para sus hijos. Esto será algo que va a continuar hasta que seamos perfeccionados (Efesios 4:11-15).

Ministerio (servicio) en la Iglesia. Una vez en el camino a la madurez y la sabiduría bíblica, descubrimos nuestro llamado para servir a Cristo en todas las maneras que edifican a la Iglesia. Dios reparte dones a cada uno para ser utilizados en beneficio del Cuerpo. Es un deber de todos descubrirlos y ponerlos a funcionar en el mundo.

Cada creyente debe esforzarse por encontrar su lugar como miembro activo, sirviendo en alguno o algunos de los ministerios de la Iglesia y buscando además ayudar a los necesitados de este mundo.

Si cada uno cumple su ministerio, entonces el Cuerpo crecerá armoniosamente, tanto cualitativa como cuantitativamente (1a. Corintios 12:4-7)

El resultado de la cooperación nos lo dice Efesios 4:15-16:
"Sino que, siguiendo la verdad en amor, crezcamos en todo en aquel que es la cabeza, esto es, Cristo, de quien todo el cuerpo, bien concertado y unido entre sí por todas las coyunturas que se ayudan mutuamente, recibe la actividad propia de cada miembro, recibe su crecimiento para ir edificándose en amor'"

Influencia en el mundo. Cuando servimos a otros con las habilidades que Dios nos dio, de acuerdo con Su voluntad, fácilmente nos extenderemos para ser sal y Luz de este mundo. También desarrollamos tareas dentro y fuera de las cuatro paredes de nuestros locales Consideramos nuestros lugares de reunión, como centros de entrenamiento, y como focos de compañerismo. Esto con el propósito de que seamos más efectivos en la sociedad de la que formamos parte. familia, escuelas, colegios, universidades, fábricas, oficinas, negocios y otros.

También queremos trabajar por los desprotegidos de la sociedad, principalmente mediante la Acción Social. Cuando cumplimos a cabalidad esta misión que Dios nos ha encomendado, Él es glorificado. ***"Nuestro fin máximo, es Glorificar a Dios, como fruto del amor que tenemos por Él"***

Se que se mira complicado, pero si consideramos la operación de las 17 Iglesias Familiares que actualmente se reúnen en la ciudad, nos asombra aún más la complejidad y coordinación; ahora bien, Si tomamos una sola y la examinamos en acción, veremos que es en realidad muy sencilla. Como en otras ocasiones, voy a presentarle un Anciano que supervisa 5 de las IF y es un hermano muy diligente en documentar lo acontecido de su oficio. Su nombre es Roderico y dijo que gustoso revisará contigo las notas de un grupo que está a su cargo. Y acá voy otra vez a conocer a alguien y captar la esencia de otra faceta del ministerio.

Roderico me invitó a llegar el sábado para un "brunch" un desayuno tarde, que es medio almuerzo y pasamos el día junto a su familia; Judy, la esposa y tres niños menores de 10 años. Todo en su amplia casa y enorme jardín, con perro y todo. Él trabaja para una oficina de contabilidad y me dije: "por eso es tan acucioso con los detalles" hablamos generalidades durante la comida, pero al entrar en materia, a la sombra de una colorida parra de bouganvilia, sacó sus notas y comenzó a relatar la crónica de la Iglesia Familiar del barrio Sunrise.

Dice: Me gusta este ejemplo porque tuvo su inicio la tercera semana de mayo el año pasado. Yo fui enviado a establecer en oración ante el grupo al moderador, que es como llamamos al encargado de cada Iglesia familiar. El título define su función como un facilitador de diálogo, más que un jefe a quien obedecer o un caudillo a quien seguir. El moderador se llama Jeff.

Asistieron, además de Jeff y Sofía, los siguientes:

Aldo y Laura Di Pontebianco; Italianos inmigrantes de primera generación. Entre 40 y 45 años. Llegaron al país de niños, con sus respectivos padres y se formaron acá. Su negocio es la heladería de la calle principal y lucen tristes. Él veía al suelo la mayor parte del tiempo, mientras tenía sus manos entre las rodillas. Dijo su nombre y nada más. Ella, casi lo mismo. Al final se despidieron rápidamente.

Roberto y Mónica; él, camionero; ella, maestra de la primaria. Entre 30 y 35 años. Francos, desenvueltos, amistosos. Cristianos desde hace dos años.

Patrick, Dick y Peter; 17 años, estudiantes de secundaria. Algo tímidos, reían y cuchicheaban entre ellos.

Doña Matilde, viuda, vive sola con su retiro. Vino de Colombia de joven y se casó acá en la ciudad; al enviudar, ha permanecido en la casa que compraron desde la boda. Su vida es muy estable y ha sido fiel apoyo en la obra desde que llegamos.

Steve y Christine. Los anfitriones; jóvenes de 25 años, un bebé de meses y mucho entusiasmo en su hospitalidad. Él dirige una empresa de jardinería y ella se queda en casa, desde donde colabora con el teléfono y diligencias menores para la jardinería.

Hubo café y galletas (y mucho más) todo el tiempo, y al final, todavía los anfitriones ofrecían... Parece que deberé explicarles que se pueden moderar un poco.

En un tiempo prudencial, Roderico tomó la palabra y después de saludar, explicó mi presencia y tomando la ocasión, procedí a decir un breve discurso, el cual finalicé formalizando a Roderico como el moderador de la Iglesia Familiar. Éste retomó la palabra y expuso los 5 objetivos de esos grupos y que en las reuniones siguientes ya irían desenvolviendo y descubriendo más y mejor las Promesas de la Palabra de Dios.

Segunda semana de junio.

Vino una familia de cinco, que incluye tres adolescentes de 12, 14 y 16 años.
Joel y Miriam, los padres y Rudy, Charles y John, los hijos. Amigos de Dick, el estudiante de secundaria.

Tercera semana de junio.

Dentro de la enseñanza, Jeff mencionó algo de ser hijos de Dios y Miriam intervino:
- Y ¿No somos todos hijos de Dios?

No. Todos fuimos creados a la imagen y semejanza de Dios, y hubo un tiempo en que Adán y Eva, nuestros predecesores, tuvieron una relación pura con Dios. Pero a causa de la desobediencia, entró el pecado y nos separó de Dios. Juntamente con el juicio, Dios prometió que proveería la redención y así fue que llegó el día en que Jesucristo propició el medio para reanudar aquella condición. LA Biblia enseña que Jesús es Dios y vino con una misión muy específica: Para salvar lo que se había perdido. En el Evangelio de Juan leemos del capítulo 1:12 y 13 **"Mas a todos los que le recibieron, a los que creen en su nombre, les dio potestad de ser hechos hijos de Dios; los cuales no son engendrados de sangre, ni de voluntad de carne, ni de voluntad de varón, sino de Dios"** Así que, como puedes ver, hay dos requisitos para tener derecho a decir si somos hijos de Dios. Creer en Cristo y haberle recibido.
- Y ¿Cómo se recibe?

Las instrucciones en otra escritura: Mas ¿qué dice? Cerca de ti está la palabra, en tu boca y en tu corazón. Esta es la palabra de fe que predicamos: que si confesares con tu boca que Jesús es el Señor, y creyeres en tu corazón que Dios le levantó de los muertos, serás salvo. Porque con el corazón se cree para justicia, pero con la boca se confiesa para salvación. Pues la Escritura dice: Todo aquel que en él creyere, no será avergonzado. Porque no hay diferencia entre judío y griego, pues el mismo que es Señor de todos, es rico para con todos los que le invocan; porque todo aquel que invocare el nombre del Señor, será salvo. Rom 10:8-13
- ¿Y es todo?
- Si. Es todo.
- Yo quiero hacerlo ahora mismo.
- Y yo, dijo Joel.
- Nosotros también dijo Aldo.

- Y los seis jóvenes.
- Y hubo una fiesta en el cielo. Así os digo **que** hay gozo delante de los ángeles de Dios **por un pecador que se arrepiente**. (Lucas 15:10)

Y nos despedimos alegres por lo que había acontecido.
Tendré que ayudar a Roderico con el discipulado de esta IF.
Tercera semana de junio.
De acuerdo con Jeff, voy a visitar esta IF cada dos semanas y las demás que están a mi cuidado, la semana alterna. El discipulado de ellos sigue en la reunión semanal con Coordinadores.
Es necesario tiempo de calidad con cada uno y los matrimonios para ayudarles a alcanzar la "vida en abundancia" que Jesús prometió en Juan 10:10 "... pero yo he venido para que tengáis vida, y vida en abundancia" sin que se vea la agenda; solo la atención. Problemas de finanzas, comunicación, salud, economía, armonía familiar, disciplina de niños, trabajo, deuda, opresión espiritual (la tristeza de Aldo), la escuela de los jóvenes, pureza moral, y lo que aparezca.
La otra cara de la moneda en el discipulado es abrirles campo a participar de las mieles del ministerio. Incentivar que lean la Biblia -recomendamos leer primero el Evangelio de Juan- orar en privado y participar activamente en la IF con todo.
Segunda semana de julio.
Jeff hizo muy bien. Puso a intervenir a cada uno. Hasta Doña Matilde, quien hizo la oración de despedida.
Conseguí citas individuales con Roberto y Mónica para cenar en casa el viernes de la próxima semana. Aldo se despidió por un tiempo a causa de un llamado familiar desde Italia. No se sabe cuando vuelva.
Cuarta semana de julio.
Como los estudiantes están de vacaciones, Jeff convoco un Retiro Familar en un parque nacional cercano que tiene bungalows para 10 personas, así que los seis jóvenes con Joel y Miriam, ocuparon uno y los demás compartimos el otro. En esta reunión solo se habló de eso; casi todos iban a un retiro por primera vez.
¡Que retiro tan bueno! Hablamos del bautismo y todos los recién convertidos fueron bautizados el un lago pequeño en el parque. La enseñanza acerca del bautismo es breve porque hay un solo requisito: creer en Jesucristo.

"Entonces él se levantó y fue. Y sucedió que un etíope, eunuco, funcionario de Candace reina de los etíopes, el cual estaba sobre todos sus tesoros, y había venido a Jerusalén para adorar, volvía sentado en su carro, y leyendo al profeta Isaías.
Y el Espíritu dijo a Felipe: Acércate y júntate a ese carro.
Acudiendo Felipe, le oyó que leía al profeta Isaías, y dijo:

- *Pero ¿entiendes lo que lees?*
- *El dijo: ¿Y cómo podré, si alguno no me enseñare? Y rogó a Felipe que subiese y se sentara con él.*

El pasaje de la Escritura que leía era este: Como oveja a la muerte fue llevado; Y como cordero mudo delante del que lo trasquila, Así no abrió su boca. En su humillación no se le hizo justicia; Mas su generación, ¿quién la contará? Porque fue quitada de la tierra su vida.

- *Respondiendo el eunuco, dijo a Felipe: Te ruego que me digas: ¿de quién dice el profeta esto; ¿de sí mismo, o de algún otro?*
- *Entonces Felipe, abriendo su boca, y comenzando desde esta escritura, le anunció el evangelio de Jesús.*

Y yendo por el camino, llegaron a cierta agua, y dijo el eunuco: Aquí hay agua; ¿qué impide que yo sea bautizado?

*Felipe dijo**: Si crees de todo corazón, bien puedes. Y respondiendo, dijo: Creo que Jesucristo es el Hijo de Dios.***

Y mandó parar el carro; y descendieron ambos al agua, Felipe y el eunuco, y le bautizó. Cuando subieron del agua, el Espíritu del Señor arrebató a Felipe; y el eunuco no le vio más, y siguió gozoso su camino" Hechos 8:27 al 39

A partir del retiro y bautismo, la IF redefine su función al énfasis en discipulado, mientras Jeff permanece atento a candidatos visitantes para evangelizar. El discipulado requiere mucha atención personalizada y grupal. Hay mucho por aprender y más para practicar.

Desde que nacimos, el enemigo de Dios ha tratado de deformar nuestro potencial y empañar la imagen y semejanza con Dios de nuestra creación, a seres egoístas, avaros, envidiosos, rencorosos y otras tantas manifestaciones de mal. Lo que llamamos Vida Cristiana es completamente lo opuesto al sistema de este mundo y tiene muchos recursos poderosos para derrotar esa forma de vida. Lo llamaremos "Cultura del Reino"

Definición de diccionario:
Cultura se refiere al conjunto de bienes materiales y espirituales de un grupo social transmitido de generación en generación a fin de orientar las prácticas individuales y colectivas. Incluye lengua, procesos, modos de vida, costumbres, tradiciones, hábitos, valores, patrones, herramientas y conocimiento.

Observando la historia del mundo, todos los grupos sociales, desde las tribus nómadas hasta los grandes imperios, han tenido algo o alguien en concepto y personificación de dios. Eso les da el calificativo de religiosos. 600 años antes de Jesucristo, en Grecia, floreció la ciencia y las artes en un período que se llamó "el siglo de oro de Pericles" ya que este gobernador financió y promovió las artes, la ciencia y la filosofía. De este período son la mayoría de los padres de las ramas científicas como Hipócrates, padre de la medicina; Platón, que "descubre" el alma, y otros. Se enuncia por vez primera, la declaración humanista:

"**El hombre** es la **medida de todas las cosas**" es una afirmación del sofista griego Protágoras. Es un principio filosófico según el cual el ser humano es la norma de lo que es verdad para sí mismo, lo que también implicaría que la verdad es relativa a cada quien. Tiene una fuerte carga antropocéntrica.

Una cultura entre todas se ha mantenido firme en la convicción que Dios es el arquitecto de lo que es y existe, dando sentido de orden y dirección a quienes le aman y obedecen. Esa cultura es la judía, y a partir de Jesucristo, Dios y hombre, pasa la ciudadanía del Reino a la iglesia cristiana.

"Oíd otra parábola: Hubo un hombre, padre de familia, el cual plantó una viña, la cercó de vallado, cavó en ella un lagar, edificó una torre, y la arrendó a unos labradores, y se fue lejos. Y cuando se acercó el tiempo de los frutos, envió sus siervos a los labradores, para que recibiesen sus frutos.
Mas los labradores, tomando a los siervos, a uno golpearon, a otro mataron, y a otro apedrearon.
Envió de nuevo otros siervos, más que los primeros; e hicieron con ellos de la misma manera.
Finalmente les envió su hijo, diciendo: Tendrán respeto a mi hijo. Mas los labradores, cuando vieron al hijo, dijeron entre sí: Este es el heredero; venid, matémosle, y apoderémonos de su heredad. Y tomándole, le echaron fuera de la viña, y le mataron.
Cuando venga, pues, el señor de la viña, ¿qué hará a aquellos labradores?
Le dijeron: A los malos destruirá sin misericordia, y arrendará su viña a otros labradores, que le paguen el fruto a su tiempo.
Jesús les dijo: ¿Nunca leísteis en las Escrituras? La piedra que desecharon los edificadores, ha venido a ser cabeza del ángulo. El Señor ha hecho esto, ¿y es cosa maravillosa a nuestros ojos?

Por tanto os digo, que el reino de Dios será quitado de vosotros, y será dado a gente que produzca los frutos de él. Mateo 21:33 al 43

¿Y quién es ese nuevo pueblo? La Iglesia Cristiana. Nosotros y todo aquel que ha sido hecho hijo, tal como los hermanos de quienes estamos hablando.

Ahora bien, la nueva vida en Cristo viene plena de promesas y todas están ofrecidas en la Biblia, la Palabra de Dios. Son tantas que es imposible enumerarlas y también imposible de disfrutarlas todas al mismo tiempo. Es como ir en un barco crucero. El área de restaurantes es enorme y contiene largos dispensadores de comida italiana, francesa, mexicana, peruana, china, española, portuguesa, cajun, alemana, caribeña... y otras. Si quiere probar de todo, tendrá que escoger una por ocasión, o por día. No podrá degustar de todos juntos. Pero, por supuesto, cada uno tiene delicias que disfrutar. Así, y mejores son las promesas de Dios.

Así que Jeff y yo dedicaremos mucho de nuestro tiempo y relación con estos discípulos para verles desarraigar los viejos hábitos culturales y vestirse los nuevos de la cultura de Reino de Dios. Ellos tienen mucho que aprender y satisfacciones que experimentar.

Para este tiempo, todos los miembros de la IF ya asistían a la reunión dominical en el salón social más grande de Berryville que rentábamos en el centro.

Para efectos didácticos del reporte a tu trabajo, voy a documentar en lo sucesivo en dos columnas, porque discipulado es de dos rieles paralelos, como la vía del tren. Usaremos muchas escrituras porque es la Biblia nuestra base y referencia. Si está escrito, vale y tiene autoridad. Hay también "buenas ideas y perspectivas" pero si no son parte de la Biblia, no les otorgamos autoridad.

La Biblia es la Palabra de Dios. Algunos hechos que lo comprueban. En la IF exhortación a leer el Evangelio de Juan, traer comentarios o preguntas.
Oración. En privado; en la IF; en público.
Devocional Personal o Familiar ¿Cómo se hace?
Bautismo en el Espíritu Santo. Breve introducción y ministración en la IF para que lo reciban. He notado que al no hacerlo pronto, hay discípulos que les cuesta experimentarlo. En grupo, y recién convertidos, es más fluido. Hablaré con Jeff de hacerlo en la próxima visita mía a la IF.

Primera semana de Julio (reporta Jeff)
Hablamos del ayuno y decidimos practicarlo los días miércoles; cenando el martes y entregando el ayuno a las 24 horas. Les advertimos que, si hubiere cualquier trastorno, se puede suspender. El próximo jueves veremos.

Segunda semana de julio.
Tal como hablamos, Jeff anunció el tema del bautismo en el Espíritu Santo y leyó algunas escrituras:
"Cuando los apóstoles que estaban en Jerusalén oyeron que Samaria había recibido la palabra de Dios, enviaron allá a Pedro y a Juan; los cuales, habiendo venido, oraron por ellos para que recibiesen el Espíritu Santo; porque aún no había descendido sobre ninguno de ellos, sino que solamente habían sido bautizados en el nombre de Jesús. Entonces les imponían las manos y recibían el Espíritu Santo. Hechos 8:14 al 17
"El ladrón (Satanás) no viene sino para hurtar, y matar y destruir; yo (Jesucristo) he venido para que tengan vida, y para que la tengan en abundancia" Juan 10:10

El que practica el pecado es del diablo; porque el diablo peca desde el principio. Para esto apareció el Hijo de Dios, para **deshacer las obras** del diablo. 1 Juan 3:8
Viernes. Cena en mi casa con Joel y Miriam, sin los chicos. Todo bien. Él tiene mucho entusiasmo y todo le emociona. Le gusta participar y a la esposa también.
Sábado. Con Vivian y mis hijos, invitamos a los seis chicos y fuimos al cine en la tarde; después un helado en lo de Aldo, de quien no se sabe nada; solo que está en Italia.

Segunda semana de julio
Viernes. Cena con Roberto y Mónica; latinos inmigrantes de primera generación
Ambos se pronuncian con recelo acerca de la virgen María por prejuicios culturales de su país de origen.
No discutimos lo de "Reina del Cielo, Madre de Dios, Intercesora, Siempre Virgen, Sin más hijos, subió al cielo..." y otros mitos no Bíblicos. Les dejamos de tarea leer Marcos 6:2 y 3. Lucas 1:30 al 35 y Mateo 1:18 al 25
Y nos juntaríamos otra vez en dos semanas.

Cuarta semana de julio

El jueves transcurrió sin novedad.

El sábado juntamos a los matrimonios en casa de Joel; los niños fueron todos a mi casa, al cuidado de los jóvenes y doña Matilde.

El tema fue "Las siete áreas tóxicas en el matrimonio" y un juego de calificarse como pareja, cada uno. 1 punto, lo menos, y 10 puntos lo mejor. Al final se suma lo de ambos y esa es la calificación que vale. Obviamente, la intención es promover la transparencia y tratar de ver dificultades de armonía familiar.

A cada pareja se regala una bolsa de Kisses (chocolates) cuyo nombre significa "besos" en inglés. La pareja con menos puntos, recibe otro "premio" Una cena en mi casa, donde se buscará muy amistosa y gentilmente las causas del bajo puntaje.

Estas son las áreas:

- Resentimiento, falta de perdón
- Disciplina de niños
- Roles equivocados
- Comunicación
- Familiares cercanos
- Economía y finanzas
- El Deber Conyugal

Y los "ganadores" de la cena son: Roberto y Mónica. Llegaran a mi casa mañana, domingo, después de la reunión de la iglesia para almorzar y pasar la tarde.

Cuarta semana de julio

La participación de cada uno en la IF es muy satisfactoria. Uno ministra al otro, todos se interesan si alguno expone una necesidad, nuevos valores surgen para compartir y el grupo crece poco a poco.

Noticias de Italia. Aldo anuncia su regreso para el segundo sábado de agosto. No pudimos evitar que ese punto fuera el protagonista en la IF el jueves... pero tampoco anticipamos que por poco descarrila el discipulado y trastornaría al pueblo entero.
Como en Berryville no hay aeropuerto, que lo esperen en el campo de futbol de la escuela secundaria en el carrito de los helados.

Llamó a Claudia que fuera discretamente a la municipalidad y pagara los permisos para 10 pancartas publicitarias de los helados el sábado y a una empresa publicitaria de la ciudad vecina para elaboración e instalación de madrugada el día del evento.

Cuando Berryville despertó ese sábado, pancartas color naranja y verde menta saturaban la vista en el centro de la ciudad y varias cuadras alrededor. Decía el anuncio "Helados gratis todo el día en las tres heladerías"

A las 9:55 am se oyó venir el helicóptero y al aterrizar y abrir la puerta, un Aldo que no habíamos visto antes salió con una gran sonrisa. Vestía un pantalón verde menta, zapatos blancos, camisa a raya gruesas color naranja y blanco y un gorro blanco grandísimo como un charro mexicano, con una guinda en el centro del tamaño de una pelota de softball.

INTRODUCCIÓN AL MINISTERIO

La Biblia es la Palabra de Dios. Algunos hechos que lo comprueban. En la IF exhortación a leer el Evangelio de Juan, traer comentarios o preguntas.
Oración. En privado; en la IF; en público.
Devocional Personal o Familiar ¿Cómo se hace?
Bautismo en el Espíritu Santo. Breve introducción y ministración en la IF para que lo reciban. He notado que al no hacerlo pronto, hay discípulos que les cuesta experimentarlo. En grupo, y recién convertidos, es más fluido. Hablaré con Jeff de hacerlo en la próxima visita mía a la IF.
Primera semana de Julio (reporta Jeff)
Hablamos del ayuno y decidimos practicarlo los días miércoles; cenando el martes y entregando el ayuno a las 24 horas. Les advertimos que, si hubiere cualquier trastorno, se puede suspender. El próximo jueves veremos.
Aldo recibió una llamada de Italia y solo habló con su esposa que debía ir, y se fue.

Segunda semana de julio.
Tal como hablamos, Jeff anunció el tema del bautismo en el Espíritu Santo y leyó algunas escrituras:
"Cuando los apóstoles que estaban en Jerusalén oyeron que Samaria había recibido la palabra de Dios, enviaron allá a Pedro y a Juan; los cuales, habiendo venido, oraron por ellos para que recibiesen el Espíritu Santo; porque aún no había descendido sobre ninguno de ellos, sino que solamente habían sido bautizados en el nombre de Jesús. Entonces les imponían las manos y recibían el Espíritu Santo. Hechos 8:14 al 17

Dijo !Hola! a los presentes, unos treinta, abrazó y besó velozmente a Claudia y sus hijos y saltó al carrito de los helados para iniciar el desfile hasta la heladería.

Al llegar, era evidente que tenía algo que decir, así que desde adentro del carrito donde le habían preparado el sonido de la propaganda, tomó el micrófono y anunció:

"Queridos amigos y vecinos de Berryville; viajé a Italia y he conseguido financiamiento para una transformación de nuestra ciudad. Los planes, obras y desarrollo serán presentados a las autoridades correspondientes y pronto se verán los primeros cambios.

Por el momento, disfrutemos de los helados gratuitos y ¡que Dios bendiga a Berryville y sus habitantes!

Y entró en su local, en medio de aplausos y la sorpresa general del Aldo que vino de regreso.

A continuación, tomó el teléfono y llamó a cada uno de la IF, incluyéndome y nos invitó a todos a un banquete en el restaurante francés de Berryville, a las 2:00 pm. No faltó ninguno.

Después de comer, Aldo toma la palabra y nos cuenta lo que pasó: Hace 30 años, mi hermano mayor compró mi casa en Italia y me dijo que la mafia me perseguiría por un negocio que había hecho nuestro padre con ellos. Me aconsejó mi hermano que emigrara a donde no me encontraran; que no llamara ni regresara nunca a Italia. Todo era mentira, pero yo le creí.

El pensar todos los días del rechazo de mi hermano, la incertidumbre de sus palabras, aunque la posibilidad de un despojo tan atroz me intimidaba, la realidad del silencio me abrumaba como una nube negra y espesa sobre mi ser. De todos los días de los treinta años, no pasó ninguno en el que no tuviera un pensamiento acerca de esta tragedia. Y de pronto, una llamada:

- Aldo, soy Fabricio, tu hermano; Estuve muy enfermo y he sanado. Necesito hablar contigo.
- ¿Puedes venir a Italia? Vivo en Salerno; te esperaré en el aeropuerto.
- Quedé mudo.
- Aldo, ¿estás allí?
- Si. ¿eres mi hermano Fabricio?
- Si, hombre; yo soy.
- ¿Y quieres que vaya?
- Si. Ven. Hablaremos.
- ¿y este es tu número de celular?
- Si. Este es.
- ¿Y cuándo puedo ir?
- Lo más rápido que puedas. Procura pensar en quedarte un mes. 30 años es mucho tiempo para repasar.
- Haré los arreglos y te confirmo la fecha. Click.

Quedé con el celular en la mano por unos quince minutos. Lo veía y repetía ¡Treinta años!

Conmocionado, regresé a casa manejando muy despacio, sabiendo que no estaba 100% bien. Al nomás entrar, Claudia dijo: ¡Que te pasó! Estás pálido.

- ¿Tienes café?
- Si. Ahora te traigo.
- Me llamó Fabricio.
- ¿Desde Italia?
- Si. Quiere que vaya.
- ¡Después de treinta años!
- Lo sé.
- ¿Y qué vas a hacer?
- Ir. He esperado treinta años.
- ¿Y qué querrá?
- Ni idea. Veremos.

Los días siguientes anduve como en el aire. No me concentraba, me costaba conciliar el sueño, a cada rato repetía ¡Treinta años! Pero lo voy a ver. ¡Treinta años! Y podré abrazarlo. ¡Mi hermano mayor!

El largo vuelo sobre el Atlántico y las dos escalas en New York y Paris, me pareció corto. Al salir del corredor a la sala del aeropuerto, ¡Allí estaba mi hermano! Elegante, sonriéndome, brazos abiertos... y lo primero que dijo fue ¡Treinta años! y yo también ¡Treinta años! y nos dimos un largo abrazo.
Ya en su casa, pasaron dos días para tener una conversación. Solamente nos juntábamos en el comedor y si mencionábamos algo del pasado, o recuerdos o simplezas de niños, nos echábamos a llorar, nos abrazábamos y besábamos las mejillas y la frente, hasta que las emociones se calmaban y un rato de silencio... que se podía romper con ¡Treinta años! y pasaron; y aquí estamos, ¡como hermanos!

A la tercera noche, llegó el momento de la verdad;

- Te pedí venir porque lo que tengo para decirte debe ser aquí, y será ahora mismo. Imploro tu perdón porque cuando falleció nuestro padre, alteré el testamento y te dejé fuera de todo. Desde la primera noche después de hablarte la culpa me ha torturado y pensé infinidad de veces como resolver, pero la cobardía y la vergüenza me impedían. Muchas noches en vela, vacaciones no disfrutadas, sin poder hablar con nadie; ni con mi esposa o hijos... un tormento.
- Un día, hace seis meses, un diagnóstico desalentador: Cáncer de colon; uno a dos años de vida. Posible cirugía radical y leve esperanza. Alcancé a firmar un documento provisional para ti y lo legalizó mi abogado. Fui a cirugía esperando lo peor, y resultó lo mejor. El tumor no tenía metástasis y lo removieron 100% Claro que cortaron un sector significativo y mi digestión tendrá cambios radicales, pero si en cinco años no hay complicaciones, me declararán en remisión. Por el momento voy bien y aprovechando lo vivido, y lo avanzado, te hice venir para decirte que te devuelvo lo que te arrebaté hace treinta años y te pido perdón por haberlo hecho. Los treinta años no se puede cambiar, pero tendrás en lo sucesivo todo lo necesario para vivir bien. La original empresa de transporte marítimo se ha expandido a aduanas, exportaciones e importaciones, seguros e inversiones. Total, muchos millones en diferentes áreas. Mis hijos estudiaron los campos correspondientes y han organizado un consorcio de funcionamiento autónomo que no necesita más que una supervisión externa de auditoría. Los accionistas, mi familia y unos pocos inversionistas, solo miramos los reportes anuales y los dividendos. Yo poseo el 60% de las acciones, mis 3 hijos 10% cada uno por ahora y el resto los inversionistas. Ahora tu tendrás el 30% y los dividendos suman varios millones anuales.
- Otra vez me quedé mudo.
- ¿Estás de acuerdo? ¿Qué piensas?
- ¿De qué?
- De lo que te ofrezco.
- ¿Todo eso?
- Si. Es lo que te corresponde.
- Si. Por supuesto que sí. Es solo que imposible.
- No solo es posible, sino que iremos a los abogados y haremos todo legal y a las claras. El papel provisional debe ser formalizado en un contrato cerrado y efectivo de inmediato. Mis hijos y mi esposa lo saben y con solo haber tomado la decisión, aunque fuera después de treinta años, han visto el cambio en mi vida y están contentos. Nunca les dije nada, pero me vieron sufrir y de pronto algo cambió, pero no sabían qué.

Decidí no decir nada por teléfono a casa y en cambio inventar un financiamiento de la heladería y llamé a los colegas de las otras dos heladerías para pedirles colaboración regalando el producto ese sábado y yo les pagaré lo consumido. Esa es la historia para tí. Nunca se ha sabido de algo así antes y cuesta creerlo, pero hay en un banco italiano una cantidad del pago de dividendos del año hasta la fecha que no podremos gastar en lo que queda para el cierre anual. Vamos a cambiarnos porque es hora del almuerzo con la IF.

La comida en el restaurante francés estuvo espectacular. Se lucieron y todos, jóvenes, adultos y niños nos sentimos consentidos; agilidad de servicio, variedad de posibilidades, gustos particulares, variedad de postres y cafés, buena música de fondo... nada más que pedir.

Con el postre, Aldo toma la palabra y presenta un cuadro de inversiones para el desarrollo de Berryville que incluye remodelación de edificios públicos, mejoría de instalaciones deportivas y culturales de la ciudad, ampliación de la biblioteca pública y la plaza central. Parecía un candidato en tiempo de elecciones.

También se metió con la IF. Quiere ser anfitrión y que la gente llegue a su casa para atenderles y servirles "a la italiana" dejando ver con eso que no hay nada mejor. Difícil de detener su nueva personalidad de entusiasmo y gozo. Como no se podía contener, tuvimos que (Jeff y yo) improvisar una solución: Como todos estábamos presentes, se hizo rápidamente una encuesta y quedó una solución: Aldo se hace anfitrión y Jeff va de coordinador a su casa; doña Matilde, Roberto y Miriam se suman a la nueva IF. Joel asume para dirigir en casa de Steve y Christine y todos los jóvenes van con ellos.

Todos contentos, Aldo se me acerca y dice que quiere una reunión con el Consejo de Ancianos ¡El colmo! Me dice que hay mucho más que decir. Sin prometerle nada, le digo que voy a proponer la reunión extraordinaria. Nos despedimos y no pude evitar que los acontecimientos me quitaran el sueño.

La reunión fue pautada para miércoles y, por supuesto, Aldo nos invitó a cenar. Éramos 9 en total, porque un par no podían concurrir.

- Hermanos, gracias por permitirme este tiempo con Ustedes, mis padres espirituales. Hace treinta años que falleció mi padre. Él era dueño de una empresa de transporte marítimo en el puerto de Salerno, Italia. Mi hermano mayor, Fabricio, manipuló el testamento y me dejó en 0. Me dijo que papá tenía negocios con la mafia siciliana y que mi vida y mi familia peligraban, mientras él era la garantía de legalidad de la empresa y no podía salir. Mi hermano compró la casa modesta que papá me había comprado y me despidió para siempre: Desaparece; nunca llames; nunca vuelvas a Italia. Es tu única oportunidad de envejecer y ver crecer a tu hijo y los que puedan venir. Tu ausencia es mi futuro y el tuyo. Y así pasaron treinta años. Nunca dejé de extrañarlo, y a mi tierra. Cuando conocí a Cristo, dirigido por Jeff, lo puse en mi lista de oración y eso me ayudaba a consolarme, sabiendo que Dios escucha las oraciones. Ahora mi versículo favorito es Efesios 3:20 y 21; Y a aquel que es poderoso para hacer todas las cosas mucho más abundantemente de lo que pedimos o entendemos, según el poder que actúa en nosotros, a él sea la gloria en la iglesia en Cristo Jesús por todas las edades, por los siglos de los siglos, Amén.
- Mi hermano me llamó y yo fui. Es cierto que de tiempo en tiempo yo tenía la incertidumbre acerca de que mi hermano mayor hubiera hecho lo que hizo, pero luchaba por apartar tal pensamiento y hasta me sentía culpable por tenerlo. Cuando él confesó la gran traición, y me dejó ver la culpa que había sentido, no pude sentir coraje, sino compasión y lloramos ambos, recostados cada en el hombro del otro por un gran rato. Entre sollozos me dijo que me entregaba la mitad de sus acciones, que actualmente son muchos dólares, y ambos repetíamos ¡treinta años! y llorábamos otro poco. Más abrazos... ¡treinta años! y llorar.
- Al final, ¿Qué debo hacer con todo eso? Soy feliz en la iglesia. No me veo viviendo sin propósito. Ustedes me están enseñando en la IF y ahora soy anfitrión.

Los Ancianos se dieron ideas allí mismo, y como conclusión de inmediato dijeron:

1. Discreción. No hagas aspaviento, ni alteres tu estándar de vida.
2. Incorpora una o dos fundaciones (Trust en inglés) para ayudar a muchas causas y personas.
3. Sé generoso institucionalmente.
4. Sé generoso como empresario.
5. No pierdas tu sencillez.

Y así logramos encarrilar otra vez el discipulado de las IF después de esos hechos extraordinarios. Cosas que sólo Dios puede hacer. ¿Qué pensará Aldo de la respuesta de Dios?

Hay en la franja tropical ciertos cultivos de producción constante. Mientras se cosecha el producto maduro, va creciendo la próxima cosecha y se está sembrando la siguiente. Así es el desarrollo de una iglesia y sus grupos IF. Hay personas convirtiéndose, asimilándose a una IF, descubriendo sus dones y equipándose para servir, y otros preparándose para un ministerio en la música, ujieres, maestros de escuela dominical para niños, operadores de tecnología, evangelistas, anfitriones de If... y tantas otras actividades propias de una iglesia activa.

- ¿Cómo le parece, Eddy?
- Asombroso. Esta asignación tiene facetas difíciles de creer, pero ¿Cómo no creer, si están presentes los protagonistas?
- Bueno, pues fue un gusto servirle y guiarle en este reporte de la vida de una IF no típica. Hay otras que son sencillamente "normales" pero esta es la espectacular de los últimos años, y ejemplifica muy bien los elementos básicos.
- Así es. Gracias.

Parte el tren... **DISCIPULADO**: Uno de los distintivos de Verbo. Se manifiesta, principalmente, en dos vertientes:

a- RESTAURACION: Al llegar a Cristo, la mayoría de nosotros venimos como niños infantes (1 Corintios 3:2; 1 Pedro 2:2) interna y externamente, en diferentes formas y grados; la mayoría ignorantes en cuanto a las grandes verdades de la Palabra de Dios, principios de vida plena, y otras bendiciones; otros llegan deteriorados por vicios, rencores, desarmonía familiar, hogares disfuncionales, complejos, avaricia, pobreza, y miles formas más en las que el enemigo nos había esclavizado. Cristo nos hizo libres, pero hay que efectuar la restauración (Rom 8:28-30) y comenzar a avanzar en nuestra nueva vida con el bautismo, lectura Bíblica, testimonio, compañerismo en una Igho; la enseñanza de los rudimentos básicos como: bautismo en agua, bautismo en el espíritu Santo, el perdón, la necesidad de congregarnos, lo necesario del compañerismo, lectura de la Biblia, la vida de oración y devocional, el servicio por amor, el sacerdocio del creyente, es decir, enseñarles que tienen derecho a participar de la obra de Dios sobre la faz de la tierra, predicando a quienes no conocen a Cristo, por ejemplo, instruirles en lo que la palabra de Dios dice acerca de su autoridad en Cristo y el respaldo has las oraciones de los que creen (Marcos 16:16 al 19 y Hechos 2:16), y otros temas de la misma importancia para una madurez y desarrollo. Simultáneamente con ir conociendo las bases de nuestra fe, debe darse lugar a la práctica. Para eso existe la Iglesia Familiar.

Si solo desarrollamos este lado, hay mucho intelecto y poca manifestación del poder de Dios y la acción del Espíritu Santo. No se crecerá mucho en fe.

MARCOS 16:15-18
EL MINISTERIO DEL CREYENTE:
Simultáneamente con ir conociendo las bases de nuestra fe, debe darse lugar a la práctica del sacerdocio del creyente, es decir, enseñarles que tienen derecho a participar de la obra de Dios sobre la faz de la tierra, predicando a quienes no conocen a Cristo, por ejemplo, instruirles en lo que la palabra de Dios dice acerca de su autoridad en Cristo y el respaldo a las oraciones de los que creen (Marcos 16:16 al 19 y Hechos 2:16), etc. Reconocemos que de esta área hay varias interpretaciones en el Cuerpo de Cristo. Aquí usaremos aquella que hizo los discípulos de la iglesia primitiva y perseguida, los que permearon todo el imperio romano con el cristianismo: La activa participación en el ministerio por cada creyente. De esta área hay varias interpretaciones. Aquí usaremos aquella que hizo de los discípulos de la iglesia primitiva y perseguida, los que permearon todo el imperio romano con el cristianismo. Algo no imitado por la iglesia en los siguientes 1700 años. Cuando Dios inauguró la Era de la Iglesia, lo hizo con una asombrosa declaración: *"Y de repente vino del cielo un estruendo como de un viento recio que soplaba, el cual llenó toda la casa donde estaban sentados; y se les aparecieron lenguas repartidas, como de fuego, asentándose sobre cada uno de ellos. Y fueron todos llenos del Espíritu Santo, y comenzaron a hablar en otras lenguas, según el Espíritu les daba que hablasen... "Entonces Pedro, poniéndose en pie con los once, alzó la voz y les habló diciendo:*

›nes judíos, y todos los que habitáis en Jerusalén, esto os sea notorio, y oíd mis palabras. Porque éstos no están ebrios, como vosotros suponéis, puesto que es la hora tercera del día. Mas esto es lo dicho por el profeta Joel: Y en los postreros días, dice Dios, derramaré de mi Espíritu sobre toda carne, y vuestros hijos y vuestras hijas profetizarán; vuestros jóvenes verán visiones, y vuestros ancianos soñarán sueños; Y de cierto sobre mis siervos y sobre mis siervas en aquellos días, derramaré de mi Espíritu, y profetizarán; Hechos 2:2-4; Hechos 2:14-18

CADA DISCÍPULO, UN TESTIGO;
CADA CREYENTE UN MINISTRO

Con las dos áreas balanceadas, el discípulo desarrollará su potencial, y crecerá en equilibrio, para ser efectivo en el ministerio, y maduro en cuanto a la fe y la sana doctrina.

El frio del otoño tardío se ha acentuado. Vestimos ropa gruesa, aunque no llegará a nevar ni en pleno invierno. La oficina de Mark ahora da tibio refugio, café caliente y una bebida oriunda de Guatemala con piña hervida, ciruelas secas, canela y otros ingredientes; se llama "Ponche" e invita a repetir, acariciando el recipiente de barro donde se sirve.

- Hola Mark; ya regresé con todo lo que hay que saber de la IF.
- ¡Qué bien!
- Hasta aquí, toda faceta que he revisado es impresionante; lo que no entiendo es la conexión.
- ¿Cómo así?
- Cada operación parece trabajar sola y autónoma; como sin supervisión o jefes, pero hay un orden que no es forzado, sino solamente existe.
- Entiendo. Ahora me toca explicarle la estructura; y usando lenguaje empresarial trataré de explicarle ciertos principios y valores que nos permiten fluir en las actividades propias de las funciones.

Vamos en orden:

Como ya hemos dicho, somos un grupo cristiano, autónomo, basado en los preceptos de la Reforma de Lutero (Alemania, Siglo XVI) y definimos nuestro movimiento como una gran familia de hermanos mayores y menores, con un Padre Celestial que al mismo tiempo es Padre, Hijo y Espíritu Santo. La Trinidad.

A partir de allí, desde el principio, se ha ido trazando los componentes de la estructura. Mucho de lo que vemos en nuestro actuar fue conceptualizado por el primer Director, mi padre, Joaquín. Yo estaba en las reuniones de los tres ancianos que vinieron a Guatemala ordenados en California. Ellos hacían frecuentes referencias a las enseñanzas de Loon, y unas las adoptaban como estaban, pero el Director, casi siempre que se hacía, proponía contextualizar ciertas prácticas a la cultura guatemalteca. Cuando hubo expansión a otros países, la instrucción es: Recuerden que están en otra cultura y toda expresión o costumbre solo puede cambiarse o erradicarse cuando contraviene la Biblia o nuestra Declaración de Fe. Guatemaltequizar otra nacionalidad no es productiva.

CAPÍTULO DOS
VALORES

Con el paso del tiempo fuimos atesorando y definiendo algunas características que los hermanos mayores deberíamos evidenciar en nuestro carácter para formar una categoría. Los valores son aquellos principios, virtudes o cualidades que caracterizan a una persona, una acción o un objeto que se consideran típicamente positivos o de gran importancia por un grupo social.
No en un listado exhaustivo, aquí tenemos las principales.

AMISTAD
En nuestro ministerio la relación de amigos es de suma importancia. En este tipo de relación valoramos a la persona por lo que es y significa para nosotros, mucho más que por otro vínculo externo.

Proverbios 17:17 dice: "En todo tiempo ama el amigo, y es como un hermano en tiempo de angustia"

UNIDAD FAMILIAR
Una de nuestras principales áreas de atención y preocupación es la unidad familiar. Uno de nuestros enfoques más importantes es alcanzar y edificar familias.

Buscamos mantener a la familia unida en el amor de Dios, a la vez, rescatando el liderazgo del hombre como cabeza del hogar en la familia.

Efesios 5:22-25 dice:

"Las casadas estén sujetas a sus propios maridos, como al Señor; porque el marido es cabeza de la mujer, así como Cristo es cabeza de la iglesia, la cual es su cuerpo, y él es su salvador. Así que, como la iglesia está sujeta a Cristo, así también las casadas lo estén a sus maridos en todo. Maridos, amad a vuestras mujeres, así como Cristo amó a la iglesia, y se entregó a sí mismo por ella"

INTEGRIDAD
Aun cuando tuviéramos gran escasez de personas para servir en los ministerios o la Iglesia Familiar, no sacrificamos la integridad por la habilidad.

La integridad comprende el carácter moral por completo, pero con énfasis especial en la rectitud, en el trato con otros, la honestidad y la pureza de mente.

Salmos 37:37 dice: "Considera al integro, y mira al justo; porque hay un final dichoso para el hombre de paz'"

SENCILLEZ
Queremos ser sencillos en toda nuestra manera de vivir. Nada hacemos por vanagloria

Nuestra predicación y manera de vestir no son presuntuosas. Queremos que nos conozcan como realmente somos.

"Porque nuestra gloria es esta: el testimonio de nuestra conciencia, que con sencillez y sinceridad de Dios, no con sabiduría humana, sino con la gracia de Dios, nos hemos conducido, en el mundo, y mucho más con vosotros" 2a Corintios 1:12

INDIVIDUALIDAD
Creemos que Dios dio a cada uno, una forma de ser particular. Queremos imitar a Jesús y funcionar de acuerdo con el diseño de Dios.

"Cada uno según el don que ha recibido, minístrelo a los otros, como buenos administradores de la multiforme gracia de Dios." 1a. Pedro 4:10

UNIDAD
Valoramos la unidad porque Dios valora la unidad. Dios habla del poder de andar en unidad y trabajar en equipo, que nada ni nadie lo puede detener.

En Génesis 11:6, Dios hace una tremenda declaración al ver la construcción de la Torre de Babel:

"Y dijo Jehová: He aquí el pueblo es uno, y todos estos tienen un solo lenguaje; y han comenzado la obra, y nada les hará desistir ahora de lo que han pensado hacer"

PACTO y COMPROMISO
Somos una iglesia de pacto, porque Dios es un Dios que guarda el pacto. Por lo tanto, nosotros también debemos ser personas de pacto, respondiendo con compromiso ante Dios y los hombres, entendiendo la seriedad y responsabilidad que la Palabra de Dios pone al pacto por encima de ideas y convicciones personales (Hebreos 8:10-13)

Este pacto requiere obediencia a la Palabra de Dios, e incluye protección y prosperidad. No es únicamente un pacto con Dios, sino un pacto y compromiso con los demás miembros de la Iglesia (Romanos 12:10) En esta clase de pacto se requiere no ser independiente.

Efesios 4:16 nos dice:

"Sino que, siguiendo la verdad en amor, crezcamos en aquel que es la cabeza; esto es Cristo de quien todo el cuerpo, bien concertado y unido entre sí por todas las coyunturas que se ayudan mutuamente, según la actividad propia de cada miembro, recibe su crecimiento para ir edificándose en amor"

COBERTURA
Todos necesitamos cuidado pastoral, enseñanza, protección, corrección, amor y otros; En la iglesia, el Señor ha delegado a los Ancianos y Siervos esta labor. Nuestra parte es ubicarnos bajo dicha cobertura (Hechos 20:28; 1a Pedro 5:2) Con la cobertura recibimos el pastoreo y discipulado que necesitamos para alcanzar un completo desarrollo.

Hebreos 13:17 "Obedeced a vuestros pastores, y sujetaos a ellos; porque ellos velan por vuestras almas como quienes han de dar cuenta; para que lo hagan con alegría, y no quejándose, porque esto no os es provechoso"

BUSCAR CONSEJO
Buscar consejo es pedir la opinión de personas maduras en el Señor y/o calificadas según los principios de la Palabra de Dios, sobre una decisión que vamos a tomar. Cada persona es responsable de las decisiones que finalmente tome, y en oración buscar la dirección del Espíritu Santo filtrando todo consejo a la luz de la Biblia.

El libro de Proverbios 15:22 nos dice: "Los pensamientos son frustrados donde no hay consejo; más en la multitud de consejeros se afirman."

"Escucha el consejo, y recibe la corrección, para que seas sabio en tu vejez." (Prov. 19:20)

"Los pensamientos con el consejo se ordenan; y con dirección sabia se hace la guerra." (Prov. 20:18)

Advertencia: Salmo 1 nos previene de NO buscar el "consejo de los malos" sino de los justos.

LIBERTAD
Creemos en el trabajo con motivación y pasión personal, no por obligación o manipulación. En Yo Soy hacemos lo que hacemos en el Reino de Dios por convicción, y nos gozamos en lo que hacemos.

Nuestros miembros tienen la libertad y el espacio para expresar sus opiniones, y fluir en sus dones y llamamiento.

2a. Corintios 3:17 dice:

"Porque el Señor es el Espíritu; y donde está el Espíritu del Señor, allí hay libertad."

EXPERIENCIA SOBRENATURAL
Para el creyente, el mundo sobrenatural de sanidades, milagros, señales y manifestaciones del poder del Espíritu Santo debe ser cotidiano y no extraordinario.

Comenzando con nuestra experiencia del bautismo en el Espíritu Santo y el hablar en lenguas desconocidas, creemos y andamos en el poder de Dios.

La Biblia dice:

"Pero recibiréis poder, cuando haya venido sobre vosotros el Espíritu Santo, y me seréis testigos en Jerusalén, en toda Judea, en Samaria, y hasta lo último de la tierra." (Hechos 1:8)

"Creedme que yo soy en el Padre, y el Padre en mí; de otra manera, creedme por las mismas obras. De cierto, de cierto os digo: El que en mí cree, las obras que yo hago, Él las hará también; y aún mayores hará, porque yo voy al Padre." Juan 14:11, 12

"Y por la mano de los apóstoles se hacían muchas señales y prodigios en el pueblo..." (Hechos 5:12).

SANTIDAD
Dios es santo y quiere que nosotros también seamos santos. Efesios 1:4 dice:

"según nos escogió en Él antes de la fundación del mundo, para que fuésemos santos y sin mancha delante de Él."

Dios nos da la habilidad por su Espíritu de someternos a Él y resistir al diablo, la tentación y permanecer firmes en la fe.

Dicho de forma sencilla: La santidad implica imitar el carácter de Cristo y hacer lo que las Escrituras nos indican según el Espíritu de Dios.

TRANSPARENCIA
Los cristianos somos hijos de luz, y el trato debe ser abierto, franco, honesto, sin engaño, mentira, ni hipocresía.

Transparencia es la cualidad de ser claros en todo lo que hacemos.

1a. Tesalonicenses 5:5 dice:

"Porque todos vosotros sois hijos de luz e hijos del día; no somos de la noche ni de las tinieblas."

SERVICIO
Una de las grandes verdades en la Escritura, es que Jesús vino a la tierra para servir y no para ser servido, dándonos así un ejemplo a seguir.

El sistema de este mundo enseña que los grandes deben ser servidos. Mateo 20:25-28:

"...Sabéis que los gobernantes de las naciones se enseñorean de ellas, y los que son grandes ejercen sobre ellas potestad. Más entre vosotros no será así, sino que el que quiera hacerse grande entre vosotros será vuestro servidor, y el que quiera ser el primero entre vosotros será vuestro siervo; como el Hijo del Hombre no vino para ser servido sino para servir, y para dar su vida en rescate por muchos."

Uno de los altos honores que un cristiano puede recibir, como fruto de la buena administración de lo que Dios ha puesto en sus manos es ser llamado siervo bueno y fiel (Mateo 25:14-23)

CRECIMIENTO
Los organismos saludables crecen y se multiplican. Esto lo vemos, por un lado, en el crecimiento personal. Nuestra tarea es ayudarnos a experimentar lo que dice Efesios 4:13

"Hasta que todos lleguemos a la unidad de la fe y del conocimiento del Hijo de Dios, a un varón perfecto, a la medida de la estatura de la plenitud de Cristo"

Por otro lado, tenemos el crecimiento de la iglesia, esto es multiplicación. Acontece cuando damos testimonio haciendo una tarea evangelística. De esta manera, Dios agrega nuevos miembros.

"Pero recibiréis poder, cuando haya venido sobre vosotros el Espíritu Santo, y me seréis testigos" (Hechos 1:8)

"...Y el Señor añadía cada día a la iglesia los que habían de ser salvos." (Hechos 2:47)

LIDERAZGO SERVICIAL
Valoramos un liderazgo basado en el servicio. La razón de ser de los Siervos en Yo Soy, son las personas a las que ellos sirven.

EI Siervo deberá ejercer su ministerio tal como lo enseñó Jesús en Mateo 20:25-27

"...Sabéis que los gobernantes de las naciones se enseñorean de ellas, y los que son grandes ejercen sobre ellas potestad. Mas entre vosotros no será así, sino que el que quiera hacerse grande entre vosotros será vuestro servidor, y el que quiera ser el primero entre vosotros será vuestro siervo; como el Hijo del hombre no vino para ser servido sino para servir, y para dar su vida en rescate por muchos"

LIDERAZGO MÚLTIPLE
En Yo Soy el trabajo siempre lo hacemos en equipo. Es el Consejo de la lglesia Local quien gobierna cada congregación, presidido por un Anciano.

El Anciano que Preside, juntamente con el Consejo de la lglesia Local, tienen la responsabilidad de la dirección y el qué hacer de la congregación.

Las Escrituras nos dicen: "Y constituyeron ancianos en cada iglesia..." (Hechos 14:23)

"por esta causa te dejé en Creta, para que corrigieseis lo deficiente, y establecieses ancianos en cada ciudad, así como yo te mandé" (Tito 1:5)

"Ruego a los ancianos que están entre nosotros, yo anciano también con ellos... apacentad la grey de Dios que está entre vosotros, cuidando de ella, no por fuerza, sino voluntariamente; no por ganancia deshonesta, sino con ánimo pronto; no como teniendo señorío sobre los que están a vuestro cuidado, sino siendo ejemplos de la grey" (1a Pedro 5:1-3)

PUNTUALIDAD
La puntualidad es una muestra de amor y respeto a los demás. Una persona que frecuentemente es impuntual muestra irresponsabilidad y falta de orden en su vida.

La Biblia dice:

"Todo tiene su tiempo, y todo lo que se quiere debajo del cielo tiene su hora" (Ecl 3:1)

"Pero cuando vino el cumplimiento del tiempo, Dios envió a su Hijo..." (Gálatas 4:4)

Este camino puede ser largo, pero no aburrido, porque las emociones y satisfacciones que se experimentan la servir a la IF, a la iglesia en el salón y a individuos o familias, cuando se tiene la actitud de siervo, proporcionan gozo y alegría al fructificar los tiempos invertidos.

¿Y cómo se escogemos entre los asistentes?

Por observación. El moderador es en efecto el pastor responsable de un rebaño de 10 a 15 ovejas (Salmos 100:3 y Salmos 79:13) Él está atento a las actitudes de cada uno en la interacción de las reuniones y les da oportunidad de manifestarse. Hay quienes participan, pero sin entusiasmo. Otros, en cambio, ponen empeño en hacerlo y se les ve disfrutando. A éstos se les da más oportunidad de responsabilizarse de más acciones y eventualmente el moderador y el supervisor de la IF lo recomiendan para la categoría de Siervos; esta categoría tiene una reunión semanal con actividad variada e información de la gran familia y a veces visitantes de lejos. Hay pláticas edificantes y se hace un compañerismo de "Colegas"

De acá, entre los siervos, el que ha seguido fiel y entusiasta en la IF, puede ser nombrado moderador de IF para ir avanzando. Después, con el crecimiento y la multiplicación de las IF, el próximo paso sería servir como supervisor de unas cinco IF... y cuando llegue el tiempo (que para nada tiene que ver con el calendario) Lo veremos con los requisitos de un Anciano en 1 Timoteo 3:1-7

Palabra fiel: Si alguno anhela obispado, buena obra desea.
Pero es necesario que el obispo sea irreprensible, marido de una sola mujer, sobrio, prudente, decoroso, hospedador, apto para enseñar; no dado al vino, no pendenciero, no codicioso de ganancias deshonestas, sino amable, apacible, no avaro; que gobierne bien su casa, que tenga a sus hijos en sujeción con toda honestidad (pues el que no sabe gobernar su propia casa, ¿cómo cuidará de la iglesia de Dios?); no un neófito, no sea que envaneciéndose caiga en la condenación del diablo.
También es necesario que tenga buen testimonio de los de afuera, para que no caiga en descrédito y en lazo del diablo.

y Tito 1:5-9

Por esta causa te dejé en Creta, para que corrigieses lo deficiente, y establecieses ancianos en cada ciudad, así como yo te mandé; el que fuere irreprensible, marido de una sola mujer, y tenga hijos creyentes que no estén acusados de disolución ni de rebeldía.
Porque es necesario que el obispo sea irreprensible, como administrador de Dios; no soberbio, no iracundo, no dado al vino, no pendenciero, no codicioso de ganancias deshonestas, sino hospedador, amante de lo bueno, sobrio, justo, santo, dueño de sí mismo, retenedor de la palabra fiel tal como ha sido enseñada, para que también pueda exhortar con sana enseñanza y convencer a los que contradicen.

Para este momento, lo más seguro es que el siervo ha pasado por varios cursos en la EF (Escuela de Formación) como Cristianismo Básico, Oratoria, Homilética y otros, además de la experiencia de campo en visitación, evangelismo, seguimiento y pastoreo. No hay objeción a que un hermano, antes de ser ordenado, pueda compartir en domingo durante la reunión principal.

Entonces, cuando el Consejo de Ancianos Regional examina la propuesta de la Iglesia Local, se revisa con el siervo su Declaración de Pacto y Compromiso. Esto del Pacto es muy serio porque Dios lo toma en serio. Conozcamos tres ejemplos de pacto entre hombres:

"Y puse delante de los hijos de la familia de los recabitas tazas y copas llenas de vino, y les dije: Bebed vino. Mas ellos dijeron: No beberemos vino; porque Jonadab hijo de Recab nuestro padre nos ordenó diciendo: No beberéis jamás vino vosotros ni vuestros hijos; y nosotros hemos obedecido a la voz de nuestro padre Jonadab hijo de Recab en todas las cosas que nos mandó, de no beber vino en todos nuestros días, ni nosotros, ni nuestras mujeres, ni nuestros hijos ni nuestras hijas;
Fue firme la palabra de Jonadab hijo de Recab, el cual mandó a sus hijos que no bebiesen vino, y no lo han bebido hasta hoy, por obedecer al mandamiento de su padre; y yo os he hablado a vosotros desde temprano y sin cesar, y no me habéis oído.
Ciertamente los hijos de Jonadab hijo de Recab tuvieron por firme el mandamiento que les dio su padre; pero este pueblo no me ha obedecido. Jeremías 35:5 al 8.

Y dijo Jeremías a la familia de los recabitas: Así ha dicho Jehová de los ejércitos, Dios de Israel: Por cuanto obedecisteis al mandamiento de Jonadab vuestro padre, y guardasteis todos sus mandamientos, e hicisteis conforme a todas las cosas que os mandó; por tanto, así ha dicho Jehová de los ejércitos, Dios de Israel: No faltará de Jonadab hijo de Recab un varón que esté en mi presencia todos los días. Jeremías 35:18 y 19

Josué, el capitán de los ejércitos de I*srael*, cuando iban conquistando la Tierra Prometida, hizo pacto bajo engaño de los gabaonitas y no lo pudo anular. Dios le demandó cumplirlo.

Y los hombres de Israel tomaron de las provisiones de ellos, y no consultaron a Jehová.
Y Josué hizo paz con ellos, y celebró con ellos alianza concediéndoles la vida; y también lo juraron los príncipes de la congregación. Josué 9:14 y 15

Y Josué los destinó aquel día a ser leñadores y aguadores para la congregación, y para el altar de Jehová en el lugar que Jehová eligiese, lo que son hasta hoy. Josué 9:27

Y la última, para que recuerde que todos los valores son parte de la ecuación:

Jehová, ¿quién habitará en tu tabernáculo? ¿Quién morará en tu monte santo?
El que anda en integridad y hace justicia, y habla verdad en su corazón.
El que no calumnia con su lengua, Ni hace mal a su prójimo, ni admite reproche alguno contra su vecino. Aquel a cuyos ojos el vil es menospreciado, pero honra a los que temen a Jehová.

El que aun jurando en daño suyo, no por eso cambia; Salmos 15:1 al 4

Un pacto declarado delante de Dios se convierte en un vínculo entre las partes con obligación de ser respetado.

En Yo Soy, esa declaración dice, más o menos, así:

Yo, Fulano de Tal, delante de Dios, los oficiales Ancianos y los miembros de la congregación Tal y Tal, me comprometo a servir en este Ministerio Yo Soy con mis dones y habilidades, dentro de los parámetros de la Biblia, la Palabra de Dios. Soy consciente que Compromiso es una declaración en palabras que se respalda con acciones.

Y con esa ceremonia pública, el siervo ha sido ingresado a la categoría de Anciano.
Sus funciones en la iglesia y como parte del Consejo Directivo no cambian, pero en la práctica sí. Algo cambia con la delegación de autoridad espiritual y el Anciano tiene ahora un estado de solvencia que le da seguridad.
Decimos que sus funciones no cambian, porque no "nombramos ancianos" sino los distinguimos por su servicio, dones y fidelidad con las que están operando en su iglesia local, y recomendado por el consejo respectivo. Cuando ordenamos públicamente a alguno(s) delante de la congregación, damos testimonio de sus atributos para llenar los requisitos Bíblicos que leímos

antes. Somos cuidadosos con la observación y discipulado en todos los estratos del ministerio, cuidando los valores y principios.

- Así que con ese cuidado no tienen renuncias.
- Lamentablemente, si ha habido fallas de algunos con el paso del tiempo.
- ¿Qué porcentaje?
- Los que se han ido, se han ido 100%. Los considero "cada caso es un caso"
- ¿Cómo es eso?
- Sin prejuicio. Solamente por las acciones y repercusiones de su salida.
- Por ejemplo, Raúl. Fue el primero. Empresario exitoso, buen esposo y padre de familia, generoso, promotor de oración en la iglesia... un día dijo al consejo que, habiendo tenido sueños perturbadores y recurrentes, necesitaba un mes de permiso para reflexionar si Dios le estaba hablando. Obtenida la licencia, comenzó con invitar a varios siervos y proponerles un nuevo ministerio, y participando ellos, con oficina y honor que actualmente no tenían. Algunos que no aceptaron la invitación de Raúl vinieron y contaron lo que estaba pasando. El consejo se reunió para reaccionar, pero Joaquín negó toda acción, diciendo que tenía el mes de licencia para examinar los sueños y debíamos respetar el plazo.
- Pasado el mes, vino Raúl al consejo y dijo: El primer sueño era que yo estaba en un bote con varios pescadores. Los hilos y las varas se enredaban y nadie pescaba nada. El segundo sueño era que estábamos en le bote unos pocos y todos pescábamos, pero poníamos los pescados en un recipiente común y los que yo sacaba eran tres veces más grandes que los otros. El tercer sueño fue que yo estaba solo en un bote y había más botes en el mar. Cada uno pescaba y guardaba su porción.
- Entonces entendí que Dios me mostraba comenzar una nueva iglesia, agradeciendo todo lo que el Ministerio Yo Soy ha contribuido a nuestras vidas como familia y ofreciendo salir en paz.
- Joaquín dijo: No tienes que salir. Podemos colaborar contigo en lo que quieres hacer, incluso si sientes operar con otro nombre.
- Gracias, pero no. Lo que siento que Dios me ha llamado a hacer es desde 0.
- Está bien. Ven el domingo y te despides compartiendo ante la congregación; así te diremos hasta luego y te enviaremos a tu nueva comisión.
- No puedo. El domingo es el lanzamiento.
- Entonces, ven el martes en la noche, a la reunión de siervos.
- Tampoco; tengo la planeación de arranque con el equipo.
- Muy bien. Te liberamos de todo vínculo que pudiera atarte o estorbarte en el camino. Te deseamos prosperidad y amplitud para que cumplas lo que crees que Dios te ha comisionado. Puedes ir en paz. Y se marchó. Luego lo vimos rentar un salón a media milla (unas pocas cuadras de nuestro local principal, con un nombre muy atractivo e ideas que se habían discutido en el consejo cuando él todavía estaba presente. Joaquín nos advirtió de no reaccionar. Estuvo activa esa iglesia por unos dos años y se disolvió. Fue doloroso y solamente la firmeza de Joaquín en la no intervención, permitió que la situación no pudiera dar la impresión de sabotaje o alegría por el fracaso.
- El otro caso fue del consultor de un conjunto de empresas industriales a quien el presidente de la directiva le hizo venir y le dijo: Lorenzo, reconozco y agradezco tu participación, dedicación y esfuerzo para el progreso y desarrollo de nuestras empresas. Nos has hecho ganar mucho dinero... pero yo también sé que tienes también una faceta por la que no puedo pagarte más, ni tu tienes porqué inmiscuirte: Nuestras vidas. He visto tu influencia a causa de tu personalidad y la manera en que has contribuido positivamente en las familias. Apelando a ese componente de tu persona, quiero pedirte que nos consideres como personas y nos extiendas el cuidado que precisamos. Considera esta directiva como si fuera una IF de tu iglesia como hemos platicado que funciona.
- Don Omar, pido perdón por esa falta de sensibilidad. A pesar de conocerles por 20 años, y tener entre nosotros esa estima, no he sido capaz de ver más allá del éxito empresarial y la elegancia de cada uno de los directivos. Hablaré con los ancianos de nuestra directiva

y procederé a atenderles como Ustedes se merecen. Conozco el corazón de mis hermanos, así que, casi es un trámite de orden. Le confirmo en breve.

Y efectivamente, el paso se dio. Lorenzo aun trató de mantener su accionar en la iglesia local, pero pronto se dio cuenta que no era posible. ¿Recuerda la interacción del anciano con la IF? Mucho tiempo y dedicación en discipular a los 15; ¿Qué tal ahora con unas 15 familias?

Pero en este caso todavía podíamos brindar compañerismo y consejo para su propia edificación, hasta que hubo un traslado de ciudad y la ausencia fue irrevocable. De vez en cuando coincidimos en alguna parte y disfrutamos de momentos gratísimos.

Algunos salen con honor, otros, por la puerta trasera... Pero hay otra: La tercera puerta.

En la china imperial el emperador tenía entre sus responsabilidades escoger unos becerros para el sacrificio anual que aseguraba la buena cosecha. La ceremonia se efectuaba en el Templo del Sol, el cual es una plaza redonda de piedra en a mitad de una esplanada de más de 800 mts. Uno de los emperadores se vio imposibilitado de hacer la caminata a causa de la avanzada edad, y la tradición no permitió una alternativa para llevarlo. Al fin de pensarlo todos, resolvieron hacer una puerta en el muro de piedra, en el lugar más cercano a la rotonda del acto y así la caminata fue posible año tras año, hasta que dicho emperador falleció. No hay registro de otro que la haya usado.

Usando esa historia, cambiamos nuestra perspectiva y Lorenzo se fue a su nueva asignación del Reino discretamente y manteniendo el aprecio y la estima de sus hermanos en la fe.

Desde entonces ha habido algunos casos más y por su salida y su actitud al dejar a la familia, decimos que salió por la puerta de enfrente; enviado y bendecido, a iniciar algo nuevo. Otros han salido sin cuidar los aspectos de respeto y ética. Puerta trasera. Y hay quienes usan la tercera puerta para mantener vínculos de relación.

Hay que anotar que las historias no son muchas, mientras una abrumadora mayoría son fieles al pacto y permanecen con el entusiasmo que mostraron durante su proceso de discipulado y por lo que fueron ordenados.

El material periodístico sigue sumando cuadernos y cuadernos. Los que traía se agotaron hace rato. No me esperaba esta asignación de esta manera, pero me siento muy bien. Mi esperanza es que pueda presentar un reportaje que muestre esta maravilla. Lo estoy visualizando como una utopía; algo imposible... que opera fluidamente y la evidencia tangible. Y también que dentro de la complejidad, no pierden la sencillez, mientras viven los valores en que creen. Por el tiempo que hemos convivido, hace rato me convencí que son genuinos; no hay teatro, ni actitudes fingidas por semanas y meses.

- Hola Mark. Buenos días.
- Hola.
- Cada entrevista que me has conseguido ha sido impresionante por la manera y las cosas que acontecen.
- Me imagino que así lo ves. A nosotros también nos asombra, pero en la fe sabemos que la Mano de Dios está sobre nosotros (como sobre muchos) y su favor nos suple.
- ¿Podríamos hablar de cómo opera administrativamente el ministerio? Solo puedo imaginar el trabajo que representa una organización de esta complejidad y tamaño.
- Vamos, entonces.

Si de la nada me tocara entrar a dirigir una organización así, no aceptaría el encargo. Pero estoy en esto desde los 8 años y ha crecido todo delante de mis ojos.

Somos un grupo empírico, autónomo, que toma sus decisiones en una estructura de familia ¡ja, ja, ja! Repetida la receta.

En serio: Administrativamente o desde cualquier enfoque, somos una familia grande. No necesitamos tanto reglamento para operar. Los trabajadores no son empleados; son familiares que sirven, como en cualquier familia. Obviamente, para fines oficiales, hay una nómina, cheques, impuestos que descontar, y toda la parafernalia burocrática, pero no complejidad. ¿Qué cómo lo resolvimos? Muy sencillo: Todos reciben lo mismo en dos (mejor dicho, tres) categorías.

El reporte oficial dice que los que viven y trabajan en la finca son colonos. Como la alimentación es comunitaria y las habitaciones no tienen costo, ellos reciben el salario mínimo del estado para operar en la legalidad. Los matrimonios tienen más espacio en los apartamentos, inspirados en el Kibuts y el Moshab. En 1950, Israel era un estado, y hasta le fecha, acosado por millones de vecinos que no los quieren allí. Para trabajar la tierra que habían obtenido y hacerla producir, se propusieron vivir en medio de los campos de cultivo. Construyeron habitaciones comunes y no tenían nada en propiedad. Lo que conseguía el kibutz era de todos. Luego hubo familias y se amplió el concepto al moshab; en este ya hay porción familiar, para que cada uno disponga de una parte de dinero para su estilo de vida. Alguien gasta en tecnología y otro en decoración. Nosotros hacemos igual.

La otra categoría son los ancianos. La Biblia insiste en que los que predican el evangelio vivan del evangelio.

¿O sólo yo y Bernabé no tenemos derecho de no trabajar? ¿Quién fue jamás soldado a sus propias expensas? ¿Quién planta viña y no come de su fruto? ¿O quién apacienta el rebaño y no toma de la leche del rebaño? ¿Digo esto sólo como hombre? ¿No dice esto también la ley?
Porque en la ley de Moisés está escrito: No pondrás bozal al buey que trilla. ¿Tiene Dios cuidado de los bueyes, o lo dice enteramente por nosotros? Pues por nosotros se escribió; porque con esperanza debe arar el que ara, y el que trilla, con esperanza de recibir del fruto.
Si nosotros sembramos entre vosotros lo espiritual, ¿es gran cosa si segáremos de vosotros lo material? 1 Cor 9:6 al 11
Los ancianos que gobiernan bien, sean tenidos por dignos de doble honor, mayormente los que trabajan en predicar y enseñar. 1 Timoteo 5:27

Por lo cual, los Ancianos ganan el 120% como algo simbólico, pues todos los gastos (viajes, provisión, ropa, etc) es cubierto por una partida contable que se llama hospitalidad.

Y el tercer grupo son estudiantes internos que han venido de otros países o ciudades por seis meses a aprender a cómo vivir como misioneros. Ellos estudian la mañana música, tecnología, inglés y ministerio (Biblia, oratoria, evangelismo, fe, oración y cosas similares. Por la tarde van a Berryville a testificar, predicar y visitar gente para conversión u oración, y si nadie les invita, regresan a la finca a las 7:00 pm.

- Pero, ¿No hay alguno inconforme?
- No.
- ¿alguno que quiera cambiar de situación?
- Cuando alguno está pensando en cambio, debe hablar con el anciano que le cuida y éste le procurará una o varias entrevistas con dos o tres ancianos para ver cómo le ayudamos a satisfacer sus anhelos. Varios negocios de Berryville han sido establecidos de esa forma y a algunos les hemos prestado el dinero sin interés hasta que logran estabilizarse. ¿No lo haríamos por un hermano? Pues, sí.
- Increíble.
- No. Evidente.
- Me sigue asombrando todo esto.
- Yo vivo agradecido de la bendición de Dios sobre nosotros.

¿Cómo llega Yo Soy a tener congregaciones en diferentes países?

Hay dos maneras. La primera es enviar dos o tres familias (pueden incluir dos o tres solteros) y enviarlos "de la nada" a iniciar una iglesia. Ellos recibirán un presupuesto del fondo para misiones por un tiempo, mientras se consolidan y comenzarán un estudio Bíblico en algún lugar adecuado. Puede ser una cafetería o pizzería en lugar muy concurrido. Los originales misioneros de California tenían al principio una cafetería donde había una parada de bus, cerca de un barrio popular y allí comenzaron. Mas de la mitad de nuestras iglesias comenzaron así.

A mediados de los 80's Loon recibió una carta de un pastor evangélico de Jackson, Mississippi. La carta explicaba que este pastor sabía de una restauración del ministerio apostólico y, viendo la manifestación en el ministerio de Loon y su organización, quería conocerle y entrar en relación. El pastor era hispano. Loon nos envió la carta, sabiendo que lo atenderíamos mejor, por la cultura. Y así fue como llegamos a la primera ciudad de USA; "misioneros" de allá para acá. Aquel pastor era una esponja, ávido de asimilar todo lo que decían los ancianos, quienes pronto se dieron cuenta de dos cosas: Una es que el discipulado es una relación directa y las explicaciones no siempre se logran dar exactas y/o el receptor no las entiende igual. Se cometieron errores y poco a poco aprendimos, como buenos empíricos, un método para incluir congregaciones. Por supuesto, se llama Adopción.

Somos muy cuidadosos al proceder porque no queremos mostrar imperialismo, ni aprovechamiento. Solo deseamos compartir lo que Dios nos ha permitido edificar, y ver hermanos muchas veces en un tradicionalismo u otros prejuicios que encadenan la visión e impiden el desarrollo. Cuando un grupo, normalmente representado por un pastor evangélico protestante, se acerca y pide ayuda, le decimos que se debe hablar con la Junta Directiva, los siervos colaboradores y la congregación, porque serían adoptados –exactamente como huérfanos- para mostrarles una forma de vida como discípulos de Cristo, en una cultura del reino.

Recordando nuestros valores, el de Sencillez nos impulsa a no exaltar títulos; nos conocemos por nombre; evitamos el léxico tradicional evangélico. Tenemos una Declaración de Fe que dice que la Biblia es la Palabra de Dios y última decisión en todo asunto de iglesia o vida espiritual. No tenemos un reglamento de conducta, ni disciplina. No pertenecemos a ningún concilio, asociación o denominación evangélica.

Hemos experimentado que quienes han sido adoptados tardan entre tres y cinco años para asimilar esta cultura, y para entonces ya conocemos de ellos suficiente para haberlos integrado a nuestra vida cristiana y son parte de la familia.

Como era habitual, al final de la tarde, con un fragante café en la mano cada uno, hicimos el resumen de lo acontecido durante la jornada. De pronto, Mark paró de hablar y con una gran pausa, exhaló un resoplido y reasumió. ¿Recuerda que el diamante tenía múltiples facetas? No las podemos ver todas. Si así fuera, estaríamos en esto semanas y meses, y lo peor es que podría perderse el objetivo. Voy a resumir el proceso de la formación de los primeros discípulos, que también fueron llamados apóstoles a través de pasajes del Evangelio de Marcos.

1. **Escoger**. *Después que Juan fue encarcelado, Jesús vino a Galilea predicando el evangelio del reino de Dios, diciendo: El tiempo se ha cumplido, y el reino de Dios se ha acercado; arrepentíos, y creed en el evangelio. Andando junto al mar de Galilea, vio a Simón y a Andrés su hermano, que echaban la red en el mar; porque eran pescadores. Y les dijo Jesús: Venid en pos de mí, y haré que seáis pescadores de hombres, y dejando luego sus redes, le siguieron. Pasando de allí un poco más adelante, vio a Jacobo hijo de Zebedeo, y a Juan su hermano, también ellos en la barca, que remendaban las redes. Y luego los llamó; y dejando a su padre Zebedeo en la barca con los jornaleros, le siguieron. Marcos 1:14-20*

2. **Demostrar.**
   a. *diciendo: !!Ah! ¿qué tienes con nosotros, Jesús nazareno? ¿Has venido para destruirnos? Sé quién eres, el Santo de Dios. Pero Jesús le reprendió, diciendo: ¡Cállate, y sal de él! Y el espíritu inmundo, sacudiéndole con violencia, y clamando a gran voz, salió de él. Y todos se asombraron, de tal manera que discutían entre sí, diciendo: ¿Qué es esto? ¿Qué nueva doctrina es esta, que con autoridad manda aun a los espíritus inmundos, y le obedecen? Y muy pronto se difundió su fama por toda la provincia alrededor de Galilea. Marcos 1:29-31*
   b. *Al salir de la sinagoga, vinieron a casa de Simón y Andrés, con Jacobo y Juan. Y la suegra de Simón estaba acostada con fiebre; y en seguida le hablaron de ella. Entonces él se acercó, y la tomó de la mano y la levantó; e inmediatamente le dejó la fiebre, y ella les servía. Marcos 1:29-31*
   c. *Cuando llegó la noche, luego que el sol se puso, le trajeron todos los que tenían enfermedades, y a los endemoniados; y toda la ciudad se agolpó a la puerta. Y sanó a muchos que estaban enfermos de diversas enfermedades, y echó fuera muchos demonios; y no dejaba hablar a los demonios, porque le conocían.*
   Marcos 1:32-35

Y los discípulos miraban.

3. **Establecer.**
Después subió al monte, y llamó a sí a los que él quiso; y vinieron a él. Y estableció a doce, para que estuviesen con él, y para enviarlos a predicar, y que tuviesen autoridad para sanar enfermedades y para echar fuera demonios: a Simón, a quien puso por sobrenombre Pedro; a Jacobo hijo de Zebedeo, y a Juan hermano de Jacobo, a quienes apellidó Boanerges, esto es, Hijos del trueno; a Andrés, Felipe, Bartolomé, Mateo, Tomás, Jacobo hijo de Alfeo, Tadeo, Simón el cananista, y Judas Iscariote, el que le entregó. Y vinieron a casa. Marcos 3:13-19

4. **Explicación y Consulta.**
   a. Cuando estuvo solo, los que estaban cerca de él con los doce le preguntaron sobre la parábola. Y les dijo: A vosotros os es dado saber el misterio del reino de Dios; más a los que están fuera, por parábolas todas las cosas; Marcos 4:10-11
   b. Con muchas parábolas como estas les hablaba la palabra, conforme a lo que podían oír. Y sin parábolas no les hablaba; aunque a sus discípulos en particular les declaraba todo. Marcos 4:34-34 y los Discípulos preguntaban.

5. **Práctica.**
Después llamó a los doce, y comenzó a enviarlos de dos en dos; y les dio autoridad sobre los espíritus inmundos. Y les mandó que no llevasen nada para el camino, sino solamente bordón; ni alforja, ni pan, ni dinero en el cinto, sino que calzasen sandalias, y no vistiesen dos túnicas. Y les dijo: Dondequiera que entréis en una casa, posad en ella hasta que salgáis de aquel lugar. Y si en algún lugar no os recibieren ni os oyeren, salid de allí, y sacudid el polvo que está debajo de vuestros pies, para testimonio a ellos. De cierto os digo que en el día del juicio, será más tolerable el castigo para los de Sodoma y Gomorra, que para aquella ciudad. Y saliendo, predicaban que los hombres se arrepintiesen. Y echaban fuera muchos demonios, y ungían con aceite a muchos enfermos, y los sanaban. Marcos 6:7-13

6. **Evaluación.**
Y salió Jesús y vio una gran multitud, y tuvo compasión de ellos, porque eran como ovejas que no tenían pastor; y comenzó a enseñarles muchas cosas. Cuando ya era muy avanzada la hora, sus discípulos se acercaron a él, diciendo: El lugar es desierto, y la hora ya muy avanzada. Despídelos para que vayan a los campos y aldeas de alrededor, y compren pan, pues no tienen qué comer. Respondiendo él, les dijo: Dadles vosotros de comer. Ellos le dijeron: ¿Que vayamos y compremos pan por doscientos denarios, y les demos de comer? El les dijo: ¿Cuántos panes tenéis? Id y vedlo. Y al saberlo, dijeron: Cinco, y dos peces. Y les mandó que hiciesen recostar a todos por grupos sobre la hierba verde. Y se recostaron por grupos, de ciento en ciento, y de cincuenta en cincuenta. Entonces tomó los cinco panes y los dos peces, y levantando los ojos al cielo, bendijo, y partió los panes, y dio a sus discípulos para que los pusiesen delante; y repartió los dos peces entre todos. Y comieron todos, y se saciaron. Y recogieron de los pedazos doce cestas llenas, y de lo que sobró de los peces. Y los que comieron eran cinco mil hombres. Marcos 6:35-44

Los discípulos no pasaron la prueba. Y sigue el entrenamiento.

El discipulado es como aprender una artesanía. Contiene mucha observación y relacionarse con el arte de manipular los materiales componentes hasta conocerlos íntimamente.

Quizá el mejor discipulador, exceptuando a Jesucristo, sea Pablo. Él lo expresó de esta manera: *"Sed imitadores de mí, así como yo de Cristo" 1 Corintios 11:1*

Y más, "Lo que has oído de mí ante muchos testigos, esto encarga a hombres fieles que también sean idóneos para enseñar también a otros. 2 Timoteo 2:2

En el tiempo preciso. Cuando estuvieron listos, Jesús culminó su tarea y pagó por nuestro pecado con su sangre, dándonos perdón de pecados y vida eterna. Después de resucitar se apareció a los discípulos por 40 días y antes de partir les dijo las últimas palabras: Vayan por todo el mundo y hagan discípulos a todas las naciones, enseñándoles todas las cosas que les he enseñado y he aquí, yo estoy con vosotros todos los días, hasta el fin del mundo.

El Obispo Vicente Rivadeneira se hundió, literalmente, en el diván de la sala de espera del doctor. Se sentía tan mal como se veía. Había sacado el tiempo para atenderse porque su cuerpo no daba más. A sus 54 años, su iglesia se había reproducido en seis y el corría a dos ciudades cada fin de semana para atender una en la mañana y otra en la noche. Entre semana, las urgencias eran como una central del 911. Sus nervios estaban tan tensos como las cuerdas de una guitarra. ¿Cómo había llegado a este estado de nervios? Y lo más importante ¿Cómo podría salir?

Sus meditaciones fueron interrumpidas por el anuncio de la asistente del doctor y le introdujo al despacho del doctor.

- Sr. Rivadeneira, ¿A qué se dedica?
- Soy Pastor y dirijo iglesias.
- ¡Asombroso! Los resultados de las pruebas clínicas y laboratorios son de personas que están sometidos a niveles de estrés extremo, como los traficantes de drogas y actividades similares.
- ¿Qué es lo que tengo, doctor?
- Ya le dije. El estrés es el enemigo número 1 del cerebro y cuando siente la amenaza, suelta una hormona que eleva la presión sanguínea y el ritmo cardiaco. Si la situación sigue, debilita el sistema inmunológico y nos enfermamos de cualquier virus o bacteria. Y si aún persiste, ataca el sistema digestivo y allí es que Usted se encuentra. Su colon presenta perforaciones y esas fugas contaminan el resto de los órganos internos, produciendo reacciones y síntomas tóxicos.
- ¿Y qué puedo hacer?
- Cambie de vida o morirá.

Guatemala, 1990. En las oficinas de Yo Soy, el Obispo Rivadeneira pidió hablar con el director y siendo recibido, después de las cortesías sociales, dijo:

- Hermanos, gracias por recibirme. Soy graduado del seminario pentecostal de occidente en 1974, así que comenzamos casi juntos el ministerio. Para el terremoto del '76, el concilio me había asignado un "Campo Blanco" en el sur de la ciudad y desde allí les conozco, en las juntas de asociación y otros eventos. Cuando inauguraron su segunda iglesia en la ciudad, yo reconozco que también les critiqué, con los demás pastores y juntos pensamos que era una división disfrazada. Mientras tanto, mi iglesia creció y sin yo saber cómo o porqué, ahora dirijo seis iglesias en seis ciudades cercanas y siendo el máximo dirigente, ya no sé qué hacer. En el seminario me enseñaron a no mostrar debilidad o pedir ayuda, más que a mis superiores en el ministerio. He hablado con el Anciano Quirós, quien amablemente me explicó lo de la adopción, y los cinco años, pero yo no los tengo. Temo por mis hermanos, que dependen de mí. ¿Habrá algo más que se pueda hacer?
- Hermanos del Consejo presentes, opinen por favor.

Después de un tiempo, cada uno aportando ideas de cómo ayudar, y otros que no se puede, Joaquín dijo que podíamos retirarnos a orar y meditar el asunto. El Obispo regresaría en una semana y juntos resolveríamos, con la gracia multiforme de Dios.

Un Consejo de Ancianos de Yo Soy es similar a la Mesa Redonda del Rey Arturo, de Inglaterra. No está inspirada en esa leyenda, pero opera igual. Aunque la palabra no se pronuncia, nos parece que el rey David tenía su cercano consejo y los personajes eran: un general, un sacerdote, un escriba, un profeta y un canciller. Pero, por sobre todo, cada uno era leal y fiel. Amigos con los que se cuenta ante la adversidad. Este Consejo de Ancianos, por categoría, tiene años de discipulado, relación y amistad. Y en cada uno hay Uno que Preside. El deber de éste es resumir la sabiduría del consejo y emitir una resolución satisfactoria. En el caso presente, fue Joaquín, AqP.

- Obispo Rivanedeira, analizando con sumo cuidado y delicadeza este asunto, vemos posibilidades de cuidar de su congregación como si fueran hijos adoptivos que crecerán como nosotros, con nuestra cultura. Se puede imaginar el trabajo de dirigir el modelo que tienen ahora y convertirlo al nuestro. Con sus ochocientos hermanos en seis congregaciones, se puede hacer. Y de inmediato, también. Pero Usted es vital.

- ¿Nos confiaría su vida, su ministerio, sus credenciales, sus posesiones y su junta directiva para intervenir?
- ¿Qué otra opción tendría? Si lo hago.
- Le estamos entonces invitando a una relación de pacto de transparencia y largo plazo. Total confianza y cuando las cosas se pongan difíciles, no abandonar. Permanecer, aunque no pueda dar explicaciones a familiares, colaboradores o amigos.
- Acepto.
  1. Hablaremos con su junta directiva para explicarles la situación exacta, como una traqueotomía; sin anestesia. Ellos deberán renunciar legalmente en acta y en cada iglesia pondremos un consejo de cuatro ancianos, con el respectivo AqP para dirigir y ministrar. Probablemente Jorge Quiroz, que le atendió originalmente sea el AqP de ese grupo de transición.
  2. Rentaremos un domingo todo el día el Centro de Convenciones de la capital (Guatemala) con capacidad de 1500 personas y a las 10:00 am haremos fiesta. Usted tomará la palabra y explicando su salud, nos traspasa su ministerio, enfatizando que su presencia y permanencia indica que agradece el ser recibidos en familia. Después, simbólicamente pondrá sus credenciales y certificaciones en unos recipientes frente a la plataforma, indicando que cede toda involucración de liderazgo y así le pide a su congregación que también lo hagan. Las lágrimas se mezclarán con los cantos, como cuando Esdras y Nehemías inauguraron el segundo templo en Jerusalén (Nehemías 8:9-12)
  3. El siguiente domingo predica uno del consejo y el consejo ministra a la congregación con palabra de consuelo, oración y sanidad. Al final de la reunión, convoca a todos los que tenían alguna participación de servicio en la iglesia anterior a una reunión organizativa de la nueva estructura de funcionamiento.

La triple conmoción produjo un estado de estupor en la gente y mientras unos lloraban la disolución de su iglesia, otros miraban como al vacío y los más quedaron como pasmados. Entonces, todos los músicos presentes, de las seis congregaciones, prorrumpieron en alegres alabanzas y Vicente Rivadeneira en persona condujo danzas delante de la gente. El entusiasmo se contagió y sin ser despedida la audiencia, se sirvió comida en cantidad y nos quedamos hasta media tarde.

Durante la semana, el nuevo consejo se presentó en las respectivas oficinas a tomar cargo y enterarse de los asuntos administrativos, mostrando la correcta actitud de siervos, y no de jefes. Vicente salió de la ciudad hacia un hotel, sin celular, hasta el sábado.

Sábado noche: Los seis AqP y Jorge Quirós se reúnen para reportar lo actuado, sin mayores sobresaltos. Se planea coordinar la enseñanza acerca de Identidad Espiritual, como una primera necesidad de la iglesia. Que cada uno sepa ¿Cómo Dios le ve? Su valor y promesas. Vicente y familia, en primera fila, magnífica actitud.

Todos los que tenían alguna participación de servicio en la estructura anterior fueron convocados a una reunión organizativa el martes a las 8:00 pm. Al llegar se encontraron las sillas dispuestas en una forma rara, y en cada silla, una boina española del mismo color por fila de asientos. Tres sillas juntas y una adelante, de diferente color. Otras tres al lado y así sucesivamente por todo el salón.

Amados hermanos, dice el AqP, les hemos convocado a esta reunión porque somos nosotros quienes pastorearemos esta grey. El trabajo es arduo, los obreros pocos; la gracia de Dios, suficiente. Cada uno que tome la responsabilidad tendrá a su cargo tres personas, lo que representa en la mayoría de las ocasiones, tres familias con sus diferentes situaciones, que es nuestro campo de acción.

Normalmente el Ministerio Yo Soy llega a este punto en un año o dos, partiendo de una Iglesia Familiar, pero por la razón expuesta por Vicente Rivadeneira, nos toca partir de esta manera.

Entonces, si usted no tenía a cargo alguna actividad de dirigencia (Maestro de niños o adultos, jefe o coordinador de ujieres, o similar) tome un lugar de la fila A, la primera al entrar; póngase la boina color corinto.

Fila B. Una silla por cada tres de la fila A, boina azul. Los que tenían un servicio coordinador o de dirección.

Fila C. Aquellas familias que quieran ser anfitrionas de Iglesia Familiar, recibiendo hermanos en su casa una noche por semana. Boina verde.

Ahora. La fila C, distribúyanse en toda la fila, dejando el mismo espacio de separación. Por favor, póngase de pie el primero de la izquierda de la fila y mirando la pantalla del proyector, acérquense al anfitrión que está de pie, indicando que vive cerca para asistir el jueves. Así mismo la fila B, manteniendo el orden de 3 a 1. Y por último la fila A, en el mismo orden. Se sienta el grupo y pasa lo mismo con cada anfitrión. Según los grupos que se formen, se reparte entre los ancianos del consejo y queda organizado el sistema de Iglesias Familiares en cada congregación. Obviamente será necesario estar atentos a ajustes de toda índole por razones de horarios, distancias, afinidades, etc. Los cuales se irán manifestando en las relaciones cercanas que en las que todos interactuarán. Y los hermanos, muy emocionados con las expectativas, se despidieron alegremente, anticipando tiempos de refrigerio en la nueva vida cristiana. Adelante tenían capacitación en cada ocupación e involucración en la vida de su pequeña unidad de tres para servir y uno para recibir mentoreo, discipulado y consejo.

Fue una labor exigente, pero altamente satisfactoria. Al principio sentimos la falta de Jorge Quirós y los que se trasladaron, pero sólo porque fueron bastantes y de golpe. Siempre tenemos siervos potenciales para llenar esos espacios y solo es de acomodar a las personas que esperan un espacio para servir.

¡Ah! Y como la guinda del postre: Vicente ha recuperado su salud sin la presión de la responsabilidad y viendo el bienestar de "su gente" quienes testifican del cuidado que todos están recibiendo con Propósito y Visión de Dios. Dios es maravilloso y ciertamente nos ha dotado con un cuerpo que es capaz de regenerarse, aún de las puertas de la muerte.

En el Antiguo Testamento, la historia cuenta de Moisés, el hombre que venía por el camino de Vicente Rivadeneira pero oyó el consejo de un sabio y delegó responsabilidades. Jesucristo nos dejó ejemplo de delegar y Pablo, siendo él mismo hombre que forma y delega, insiste: "esto enseña a hombres fieles que también sean idóneos para enseñar a otros"

Epílogo

La entrevista terminó. Reunión de despedida en la oficina de Mark.

- Bien, Eddy, hemos terminado la comisión. Regresa a casa para ordenar sus notas y elaborar su compendio. Esperemos que cuente con el beneplácito de su jefe y que el reportaje lo ubique en su justo lugar profesionalmente.
- Si. Muchas gracias por las atenciones dispensadas durante mi estadía en el campamento, los gastos causados y molestias que se tomaron por mí.
- No se preocupe por eso. Fue muy grato para nosotros.
- También aprendí mucho y lo debo agradecer.
- ¿Cómo qué?
- Que no importa el éxito que el reportaje pudiera tener, sino lo que Dios pueda ser glorificado. Así que no se permitirán ediciones ni ajustes a lo escrito, aún si es solo para ser "políticamente correcto"
- ¡Wow! ¿Y eso? ¿No arriesga su futuro?
- Mi futuro no está en las manos de hombre alguno, sino en la Mano de Dios.
- ¡Wow, wow! Me sorprende, Eddy.
- Yo también estoy sorprendido. Terminaré la comisión, esperaré la publicación o no publicación y quisiera volver acá como colono, si me reciben.
- Sabe del requisito.
- Lo he cumplido. El domingo anterior pasé adelante y recibí a Cristo en mi corazón. Ahora somos hermanos.
- ¡Gloria a Dios! Adelante, adelante, Eddy. Me da una gran alegría. Vaya con Dios y vuelva con paz y bendición.

Printed by Books on Demand GmbH, Norderstedt / Germany